소소한 즐거움이 있는 핸드메이드

러 블 리   리 폼

러블리 리폼

1판 1쇄 인쇄 2013년 1월 7일
1판 1쇄 발행 2013년 1월 15일

지은이 _ 최정라
펴낸이 _ 정원정, 김자영
편집 _ 홍현숙
디자인 _ 김민정

펴낸곳 _ 즐거운상상
주소 _ 서울시 용산구 문배동 7-6 이안1차 102동 오피스 1003호
전화 _ 02-706-9452 팩스 _ 02-706-9458 / 전자우편 _ happywitches@naver.com
출판등록 _ 2001년 5월 7일
인쇄 _ 백산하이테크

ISBN 978-89- 92109-97-0
ISBN 978-89-92109-69-7(세트)

소소한 즐거움이 있는 핸드메이드

러블리 리폼

글과 사진 **최정라**

A to Z

즐거운상상

contents

fashion

deco

box & containoer

    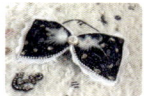 

나만의 보물 만들기, 리폼으로 시작해보세요

어렸을 적부터 아기자기하고 예쁜 문구와 소품을 참 좋아했습니다. 용돈으로 동네 팬시점에 갈 때면 얼마나 행복했던지 지금도 그 두근거림이 기억납니다. 지금 생각해보면 참 작은 가게였지만 시골 소녀였던 저에게는 하루 종일 있어도 시간이 모자라던 환상의 놀이동산이었습니다. 예쁜 쇼핑봉투 안에 깜찍한 연필, 책받침, 편지지를 사들고 돌아오던 소녀가 지금은 해외여행을 다니면서 소품을 사 모으는 어른이 되었습니다. 하지만 그 때의 그 물건만큼 애틋한 마음이 있는 물건은 참 드문 것 같아요. 금세 잊혀지거나 짐이 되어버리기 일쑤니까요. 점점 빠른 속도로 더 세련되고 예쁜 상품들이 경쟁적으로 쏟아지는 요즘엔 고르는 것도, 버리는 것도 모두모두 골칫거리가 되어가고 있는 것 같습니다.

쇼핑에 대해 회의가 슬슬 일어나던 어느 날, 리폼에 관한 책을 써보라는 제안을 받았습니다. 내 손으로, 내 취향대로, 내 편의대로 만드는 리폼! 버리지 못해 싸매들고 있던 애물단지나 재활용 박스에 버려지는 아이템에게 새로운 얼굴과 역할을 주는 작업이 꽤 흥미있게 다가오기 시작했습니다.

리폼 컨셉트에 관해 고민하다 문득 동대문 종합상가 5층이 떠올랐습니다. 장식 재료를 전문으로 판매하는 이 층은 유난히 발디딜 틈 없을 정도로 사람들로 북적거립니다. 처음에는 우리나라에도 서서히 수공예문화가 자리 잡는 것 같아 보였는데, 판매하는 이에게 재료의 사용 용도와 연출방법 등을 질문하는 광경을 많이 목격하면서 이런 분야를 알려주는 책이 있으면 좋겠다는 생각을 하기도 했습니다.

그래서 이 책은 기초적인 리폼 아이디어 뿐만 아니라 장식 재료를 이용해 꾸미는 방법까지 연출해 보았습니다. 많은 디자인을 보여주기 위해 다양한 재료를 사용했지만 무조건 다 따라할 필요는 없습니다. 그러다가는 배보다 배꼽이 더 큰 상황이 발생하여 리폼의 진정한 의미가 없어질 수도 있으니까요. 우선 평소에 좋아하던 스타일을 잘 생각해보세요. 그리고 내 주위에 있는 재료들을 갖고 가벼운 마음으로 작업을 시작해 보세요. 처음부터 완벽하게 준비된 상태에서

시작하는 건 불가능한 일입니다. 조금씩 작품에 대한 자신감이 생기면 다른 재료들을 하나씩 모으면 됩니다.

　　그리고 마음에 드는 디자인으로 컬렉션 작업을 하기를 추천합니다. 한 번 사용한 재료와 도구를 다시 이용하면 시간적, 경제적으로도 절약되고, 단독 작품보다는 시각적으로 훌륭한 인테리어 소품이 될 수 있거든요. 저 역시 컨셉과 테마를 정하여 그 테두리 안에서 여러 가지 작업을 하니 자신감도 생기고 작품도 더욱 멋져 보였답니다. 이 책은 생활용도에 따라 분류하여 난이도별로 진행하였으니 참고해서 멋진 작품들을 많이 만들어 보세요.

　　리폼은 생각보다 어려운 작업이 아닙니다. 너무 아끼는 물건보다는 버리려고 생각했던 물건이나 쉽게 구할 수 있는 재활용품부터 부담 없이 시도해 보세요. 전문가가 아닌 이상, 시중에서 파는 물건들처럼 멋지게 리폼하기는 쉽지 않습니다. 차라리 그냥 제값 주고 사는 게 나을 정도로 시간도 많이 걸리고 품도 많이 들지만 나만의 보물을 만들 수 있답니다. 서투른 솜씨로 만든 작품은 처음에는 쑥스럽지만 보면 볼수록 뿌듯하고 예뻐 보이지요.

　　어느 심리학 책에서 읽은 문구가 생각납니다. 가장 만족스러운 소비는 금액과 관계없이 추억을 동반한 소비라고 합니다. 그 어느 때보다 앤티크 스타일이 인기 있는 요즘, 누군지 모르는 타인의 추억을 비싸게 사는 것보다 나의 이야기가 담긴 진정한 앤티크 작품을 하나 하나씩 재활용하여 만드는 건 어떨까요?

　　자, 이제 즐거운 상상의 나래를 펼쳐 달콤한 창작의 재미를 만나보세요! 여러분의 사랑스러운 아틀리에를 기대합니다! 끝으로 사진 찍느라 고생한 동생 선라에게 깊은 애정과 신뢰를 보냅니다. 그리고 즐거운상상과의 인연을 만들어 준, 수경 언니에게도 감사를 전합니다.

2013년을 시작하며

최정라

리폼에 필요한 재료 & 도구

수성 페인트
다용도라서 초보자도 사용하기 쉽습니다.
아크릴 물감 등을 이용해 조색하기 쉬워 다양한 색을 만들 수 있습니다.
사용한 붓은 물로 세척해서 재사용 할 수 있으며 유성페인트에 비해 빨리 마릅니다.
용도에 따라 바니시를 이용해 코팅작업을 합니다.

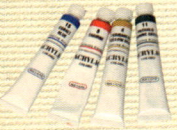

유성 페인트
물기에 취약한 목재, 철제나 유리 등에 붓칠 자국없이 전문적인 느낌을 낼 때 적합합니다.
냄새가 나며 완벽하게 마르는데 시간이 많이 걸립니다.
한 번 쓴 붓은 재사용이 어려우며, 희석제로는 신너를 사용합니다.

아크릴 물감
작은 소품을 칠하거나
수성 페인트와 조색할
때 사용합니다.

락카 스프레이
간편하게 사용할 수 있으나
색상 선택의 폭이 넓지 않으며
냄새가 많이 납니다.

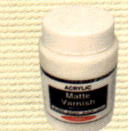

바니시
수성 페인트나 아크릴 물감
작업 후에 코팅이나 광택을
위해 바릅니다.

신너
유성 페인트의 농도를
조절할 때 사용합니다.

붓
용도에 맞게 다양한 넓이를
선택해 사용하면 편리합니다.

사포
표면을 곱게 다듬거나.
빈티지 느낌을 낼 때 이용합니다.

원단

광목, 린넨

목화와 마가 원재료인 식물성 섬유입니다. 표백하지 않은 광목이나 린넨은 특유의 자연스럽고 빈티지한 느낌이 있습니다. 봉제를 하거나, 손으로 찢어 자연스럽게 올을 풀어 사용하거나, 스탬프나 전사를 하는 등 여러 가지 방법으로 응용하여 사용할 수 있습니다.

인조모피

재단할 때 털이 날리는 단점이 있지만 고급스러운 질감 때문에 다른 재료를 사용하지 않고 단독으로 작업해도 손쉽게 작품을 완성할 수 있습니다. 요즘은 기술의 발달로 천연모피와 같은 느낌의 다양한 제품이 저렴하게 나와 있습니다.

펠트

양털이나 기타 털을 압축하여 만든 동물성 섬유입니다.
올이 풀리지 않고 도톰한 특성 덕분에 가위를 이용해 다양한 모양을 낼 수 있습니다.
또한 색상과 두께의 폭이 넓어 초보자들이 쉽게 작업할 수 있습니다.

면

숫자가 적을수록 원단이 두껍고 뻣뻣하며, 반대로 숫자가 많을수록 얇고 부드럽습니다.
캔버스, 옥스퍼드는 보통 10~20수이며, 일반적인 다용도용은 30~40수, 아사는 60~70수 이상입니다.

벨벳, 스웨이드

은은한 광택과 부드러운 촉감 때문에 고급스러운 분위기가 납니다.
적당한 두께, 약간의 신축성과 다른 직물에 비해 올이 덜 풀려 홈패션 이외에도 상자 커버링 작업하기에 좋습니다.

니트

실을 고리 모양으로 연속적으로 연결시켜 만드는 신축성이 있는 원단입니다. 직조방법에 따라 여러 가지 무늬를 낼 수 있어 일반 직물에 비해 개성있는 느낌을 살릴 수 있습니다.

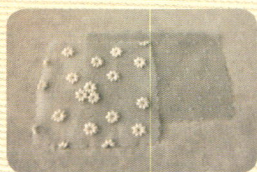

망사, 레이스

올이 풀리지 않고 얇고 가볍기 때문에 다른 재료들과 다양한 작업을 하기 좋습니다.

레이스

망사
망사원단에 자수를 놓은 것으로 고급스러우면서도 사랑스런 느낌을 낼 때 좋습니다.

랏셀
다용도로 다른 레이스에 비해 가격대가 저렴하고 디자인이 다양합니다. 염색으로 다양한 색을 내기가 쉬우며, 두께가 얇으면서도 힘이 있어 주름잡기에 좋습니다.

케미컬
화학약품 처리를 하여 무늬를 만드는 레이스입니다. 도톰하며 포인트있는 디자인 때문에 트리밍이나 모티프로 쓰기에 좋습니다.

면
면 원단에 자수나 아일렛 장식이 되어 있으며 청순하며 귀여운 느낌이 납니다.

토숀
실을 꼬아 만든 레이스로 내추럴한 느낌을 살리기에 적합합니다. 린넨, 광목, 크라프트지, 목재 등에 장식하면 잘 어울립니다.

리본

면
내추럴한 느낌을 살리거나 스탬프를 찍을 때 좋습니다.

자카드
여러 가지 무늬가 직조되어 있어 화려하고 고급스러운 분위기를 낼 때 좋습니다.

오간디
반투명하고 뻣뻣한 소재 특성 때문에 입체감 있는 리본을 만들 때 적합합니다.

공단
가격에 따라 실크나 폴리에스터 소재로 나뉘며, 매끈한 촉감을 갖고 있으며, 색상이 다양합니다. 유광은 화려한 느낌을 낼 때, 무광은 은은한 고급스러움을 낼 때 좋습니다.

벨벳
다른 리본에 비해 도톰한 질감으로 부드러운 촉감과 빛에 따라 은은한 광택이 납니다. 볼륨감과 따뜻한 느낌을 표현하기에 적합합니다.

스탬프

사용하는 방법에 따라 나무 스탬프, 클리어 스탬프, 지우개 스탬프 등이 있습니다. 나무 스탬프는 손쉽게 사용 가능하나, 가격이 비싸고 부피가 큽니다. 클리어 스탬프는 아크 릴 블럭에 붙여 사용하며, 다양한 디자인이 한 팩으로 구성되어 있습니다. 투명한 재질 특 성상 잉크가 착색되기 쉽기 때문에 관리를 잘 해야 합니다. 지우개 스탬프는 가장 저렴한 비용으로 스탬프를 만들 수 있으며 간단한 디자인을 표현할 때 적합합니다.

잉크

용도에 따라 수성, 유성, 직물 잉크가 있습니다.
수성은 종이, 목재 등 물에 닿지 않는 곳에 사용하며 빨리 마르며 사용하기 쉽습니다. 유성은 유리, 철재, 가죽 등 잉크가 표면에 잘 스며들지 않는 제품에 사용합니다. 직물 잉크는 사용 후 다리미로 열처리한 후 세탁이 가능합니다.

모양 펀치

종이를 여러 가지 모양으로 찍을 수 있는 펀치입니다.

마스킹 & 패브릭 테이프

사용하기 편리하고 다양한 디자인 덕분에 마무리용으로 좋습니다.

크라프트, 트레싱지

크라프트 종이는 내추럴하거나 빈티지 한 느낌을 살릴 때 좋으며, 반투명한 우 유빛 색상의 트레싱지는 고급스럽거나 은은한 분위기 내기에 좋습니다.

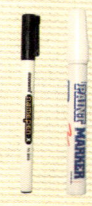

페인트마커 & 유성펜

일반펜으로 그려지지 않는 유리나 철제 표면에 적합합니다.

전사지

포토샵 프로그램을 이용하여 원하는 이 미지를 스캔하여 다리미로 전사합니다. 주의할 점은 반드시 이미지를 반전시킨 후에 프린터로 출력해야 합니다!

그 외 장식재료

구슬, 큐빅
예쁘게 꾸미는 기본적인 재료입니다.

단추
기능적인 용도 외에도 장식용으로 사용하면 좋습니다.

라인스톤, 핫픽스
뒷면에 접착제가 묻어있어 다리미 또는 양초의 열로 접착제를 녹인 후 고정시켜 사용합니다.

털실
손잡이나 글자 등을 장식하기에 편리합니다.

체인
종류에 따라 여러 가지 스타일을 연출할 수 있습니다.

금속 장식
다양한 크기와 디자인이 있어 그 자체만으로 포인트를 줄 수 있습니다.

도구

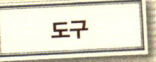

실, 바늘
원단을 꿰매는 가장 기본적인 도구입니다.

자수실
일반실에 비해 두꺼워 입체감 있는 수를 놓기에 좋습니다. 자수실이 없을 경우 일반 색실을 여러 가닥 꼬아서 대체 사용할 수도 있습니다.

재단 가위
일반 문구가위에 비하여 절삭력이 좋아 깔끔하고 쉽게 원단을 자를 수 있습니다

쪽가위 & 실뜯개
실을 자르거나 모서리 부분을 자를 때 편리한 쪽가위와 작은 구멍을 내거나 시접을 뜯을 때 매우 편리한 실뜯개.

패브릭 크레용
원단에 쉽게 그림을 그릴 수 있어 편리합니다.

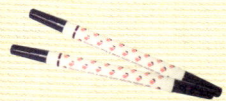

직물펜
원단에 사용하는 펜으로 기화성 직물펜은 시간이 지나면 펜 자국이 사라집니다.

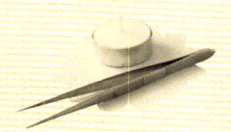

핀셋
핫픽스나 작은 재료 등을 붙일 때 요긴하게 쓰입니다.

디자인 나이프
섬세하게 원하는 모양을 오릴 수 있으며 그립감이 좋아 편리합니다. 디자인 나이프가 없을 경우 튼튼한 커터칼을 이용해도 됩니다.

직물염색
집에서도 쉽게 원단에 염색을 하거나 그림을 그릴 수 있습니다.

강력접착제
글루건으로 잘 붙지 않는 유리. 금속 재료 등에 사용합니다.

만능본드, 딱풀
원단, 종이 등 간단하게 접착할 때 사용합니다.

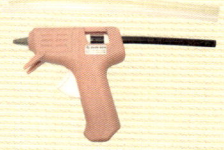

글루건
전기열을 이용하여 글루심을 녹여 사용합니다. 열에 약한 재료 이외에는 다양한 용도에 손쉽게 사용할 수 있습니다. 다만 뜨겁기 때문에 화상을 입지 않도록 조심해서 사용해야 합니다. 접착력과 용도에 따라 일반, 강력, 검정심지가 있습니다.

알아두면 요긴한 기초 기법

조색

여러 가지 색상의 페인트를 모두 갖추기에는 비용이 많이 듭니다.
흰색의 기본 페인트와 아크릴 물감을 이용하여 다양한 색상을 만들어 봅시다.
별도의 용기에 담아 보관하면 더욱 편리하게 사용할 수 있습니다.

1
흰색 페인트, 아크릴물감, 빈 용기와 나무 젓가락을 준비합니다.

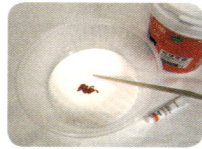

2
흰색 페인트에 소량의 아크릴 물감을 넣습니다.

3
젓가락으로 골고루 저어 섞습니다.

4
휘젓는 과정에서 생긴 거품이 제거되면 제품에 바릅니다.

지우개 스탬프

스탬프 용품을 다양하게 구비하려면 경제적인 부담이 됩니다.
간단한 디자인은 지우개를 이용해 직접 만들어 보세요.

1
원하는 디자인을 지우개에 그립니다.

2
디자인 나이프나 정교한 칼로 파내기 시작합니다.

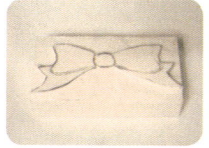

3
선명하게 찍히도록 그림 이외의 부분은 많이 파냅니다.

4
완성.

※ 지우개는 말랑말랑한 것보다 딱딱한 것이 작업하기 편하고 선명하게 찍힙니다.

좋아하는 색상이 있다면 집에서 손쉽게 레이스, 단추, 구슬 등을
염색해 보세요. 다양한 디자인의 작품을 만들 때 큰 도움이 됩니다.

1
뜨거운 물과 물에 적신 레
이스를 준비합니다.

2
염색액을 뜨거운 물에 탑
니다.

3
티슈나 원단을 이용해 색상
을 확인합니다.

4
준비된 레이스를 염색물에
담근 후 원하는 색으로 물
이 들면 흐르는 물에 씻어
말립니다.

5
레이스 종류에 따라 염색
된 정도가 조금 다릅니다.

이미지 스캔 & 전사

포토샵 프로그램을 이용하여 원하는 이미지를 스캔한 후 전사지에
출력하여 다리미로 전사하는 기법입니다.

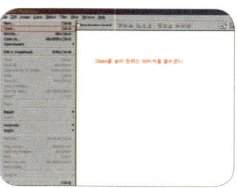

1
open을 눌러 원하는 이미지를
불러옵니다.

2
불러온 이미지는 전사시 좌우가
바뀌기 때문에 좌우 대칭을 바꿔
줍니다. Image → Rotate Canvas
→ Flip Canvas Horizontal

3
크기조절 Image → Image size
전사지에 인쇄 File → Print

개성만점 티셔츠

How to make

토끼 그림이 프린트된 평범한 티셔츠에 리본과 구슬, 체인을 달아 입체감 있는 옷을 만들어 보았어요. 오래되거나 싫증난 티셔츠를 개성있게 변신 시켜 보세요. 색다른 느낌으로 새옷처럼 입을 수 있으니까요.

＊ 난이도 _ ★ ☆ ☆
＊ 주요재료 _ 티셔츠, 리본, 구슬, 체인 장식, 본드

1
티셔츠를 준비합니다.

2
리본, 구슬, 체인 장식을 준비합니다.

3
체인 장식을 글루건으로 붙입니다.

4
토끼 얼굴에 리본과 목걸이를 달아 줍니다.

5
비즈를 만능 본드나 직물 본드로 붙 입니다.

6
수성 본드의 경우 세탁 후에도 떨어 지지 않도록 바느질로 꼼꼼히 고정 합니다.

7
완성.

핸드백 & 청바지

점점 옷장 속에서 빠져나오지 못하는 지겨워진 패션 아이템들.
간단한 장식만으로 완소 아이템으로 변신합니다.

* 난이도 _ ★ ☆ ☆
* 주요재료 _ 핸드백, 레이스, 열쇠
　　　　　　장식, 라인스톤, 큐빅,
　　　　　　리본테이프, 벨크로

핸드백 리폼하기

1
핸드백을 준비합니다.

2
핸드백 안쪽에 글루건으로 레이스를
붙입니다.

3
글루건을 이용해 간단히 리본을 만
듭니다.

4
열쇠에 라인스톤을 붙입니다. 라인스
톤 뒷면의 글루를 양초로 녹이거나
글루건 또는 접착제로 붙이면 됩니다.

5
열쇠를 붙인 리본을 초강력 접착제
로 가방에 붙이면 완성.

청바지 리폼하기

1
청바지를 준비합니다.

2
레이스와 라인스톤, 큐빅 등을 주머
니 주위에 글루건으로 붙이고 경우
에 따라 실로 재고정합니다.

3
벨트 허리에 맞춰 리본테이프로 벨
트를 만들고 리본을 붙여 장식합니
다. 벨트 여밈부분은 벨크로로 붙여
줍니다.

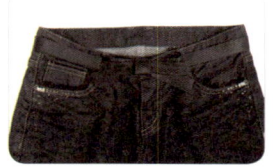

4
완성.

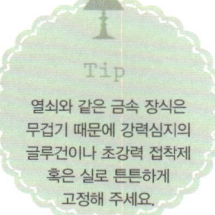

Tip
열쇠와 같은 금속 장식은
무겁기 때문에 강력심지의
글루건이나 초강력 접착제
혹은 실로 튼튼하게
고정해 주세요.

fashion #03

실용만점 부츠키퍼

신문지를 둘둘 말아 부츠를 보관하던 습관은 이제 그만!
헌 양말로 부츠만큼 멋진 키퍼를 만들어 보세요.

How to make

* 난이도 _ ★ ☆ ☆
* 주요재료 _ 양말, 솜, 망사, 리본, 코사지, 구슬

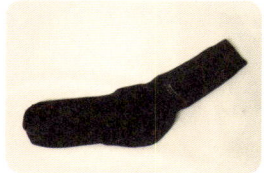

1
발목이 긴 양말을 준비합니다.

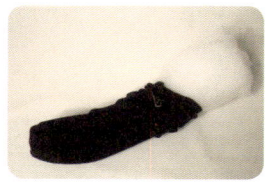

2
양말 안으로 솜을 꾹꾹 채워 넣습니다.

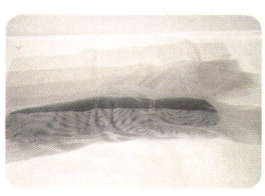

3
솜을 채운 양말에 망사를 여러 번 돌돌 말아줍니다.

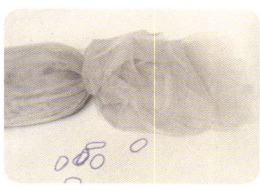

4
위, 아래에 고무줄이나 실을 묶어 솜이 나오지 않도록 고정시킵니다.

5
리본테이프를 8자 모양으로 만든 뒤 중앙을 실로 묶거나 글루건으로 바른 후 매만져 간단히 리본을 만듭니다.

6
리본과 코사지, 구슬 등으로 망사 윗부분을 장식합니다.

7
스탬프를 찍거나 예쁜 이미지를 출력하여 라벨을 달아줍니다.

8
완성.

Tip
망사가 없을 경우 원단이나 예쁜 포장지로 대체해도 됩니다.

러블리 구두 장식

여러 가지 구두 장식을 만들어
그날 패션에 따라 다양하게 연출해 보는 건 어떨까요?

＊ 난이도 _ ★ ☆ ☆

＊ 주요재료 _ 리본테이프, 버클, 깃털, 구두클립

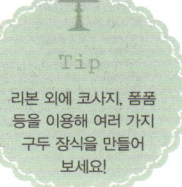

Tip

리본 외에 코사지, 폼폼
등을 이용해 여러 가지
구두 장식을 만들어
보세요!

1

리본테이프와 글루건을 이용해서
리본을 만듭니다.

2

준비된 리본에 버클을 끼웁니다.

3

1차 완성된 모습입니다.

4

깃털 장식을 리본에 끼워놓고 글루
건으로 고정시킵니다.

5

리본 뒷면에 구두클립을 글루건으로
붙여 완성합니다.

6

완성.

러블리 헤어밴드

평범하고 밋밋한 머리띠를 러블리하게 변신시켜 보세요.
액세서리 샵 못지 않은 예쁜 작품을 여러분도 만들 수 있답니다.

* 난이도 _ ★ ☆ ☆
* 주요재료 _ 머리띠, 리본, 코사지, 단추, 큐빅, 비즈

1
머리띠를 준비합니다.

2
글루건을 이용해 리본을 만듭니다.

3
지름 1~2cm 내외의 단추를 딱풀을
이용해 신문지나 기타 포장지로 감
싸줍니다.

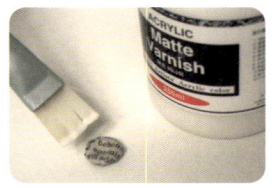

4
포장지로 감싼 단추 표면에 바니시
로 코팅처리합니다.

5
준비된 리본을 코사지, 단추, 큐빅,
비즈 등으로 러블리하게 장식해 주
세요.

6
완성.

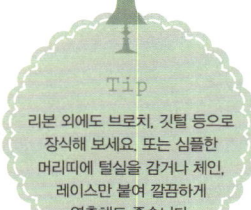

Tip
리본 외에도 브로치, 깃털 등으로
장식해 보세요. 또는 심플한
머리띠에 털실을 감거나 체인,
레이스만 붙여 깔끔하게
연출해도 좋습니다.

fashion #06

블링블링 파우치

심심한 파우치를 블링블링하게 바꿔보세요.
이제 더 이상 핸드백 속에 푹 파묻어 두지 않아도 된답니다!

How to make

* 난이도 _ ★ ☆ ☆
* 주요재료 _ 파우치, 레이스, 비즈, 체인, 금속 리본

Tip

비즈 달기에 자신이 없으면
비즈가 달린 레이스를
이용하세요.

1
파우치를 준비합니다.

2
파우치 입구와 아랫부분에 글루건으
로 레이스를 붙입니다.

3
체인과 금속리본을 실이나 O링을 이
용해 파우치의 지퍼 양쪽 끝에 연결
시킵니다.

4
레이스 무늬 위로 비즈 장식을 합
니다.

finish

5
완성.

드로잉 티셔츠

How to make

얼룩이 묻어 애물단지가 된 티셔츠를
간단한 방법으로 아기자기하게 변신시켜 보세요!

＊ 난이도 _ ★ ☆ ☆
＊ 주요재료 _ 티셔츠, 레이스, 단추, 스탬프

1
티셔츠를 준비합니다.

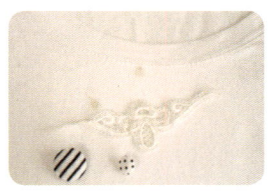

2
얼룩을 가릴 레이스와 단추 등을 준
비합니다.

3
세탁해도 떨어지지 않도록 꼼꼼하게
바느질합니다.

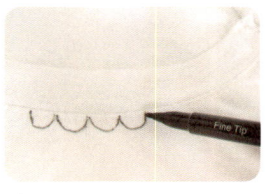

4
직물용 펜으로 간단한 드로잉을 합
니다.

5
스탬프를 찍어 라벨을 만듭니다. 이
때 패브릭용 스탬프를 사용해야 세
탁 후에도 지워지지 않아요.

6
완성.

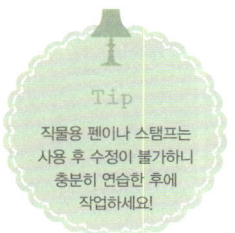

Tip
직물용 펜이나 스탬프는
사용 후 수정이 불가하니
충분히 연습한 후에
작업하세요!

fashion #08

푹신푹신 클러치

여름 느낌의 낡은 클러치가 털원단 하나만 있으면
포근한 겨울 아이템으로 변신하지요.
특별한 재단도 필요없이 쉽게 만들 수 있답니다.

How to make

* 난이도 _ ★ ☆ ☆
* 주요재료 _ 핸드백, 털원단, 털실, 단추

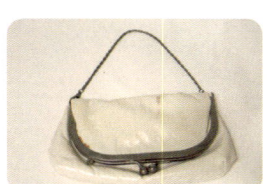

1
클러치를 준비합니다.

2
인조 모피 원단을 크기에 맞게 재단합니다.

3
글루건을 이용하여 가장자리를 꼼꼼히 붙입니다.

4
새로운 체인을 달아줍니다.

5
털실을 손에 돌돌 감습니다.

6
적당한 볼륨감이 생기면 가운데를 묶어 리본 모양을 만듭니다.

7
털실 리본에 단추를 실로 튼튼하게 고정해 장식합니다.

8
완성.

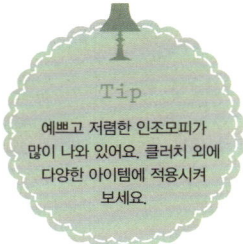

Tip
예쁘고 저렴한 인조모피가 많이 나와 있어요. 클러치 외에 다양한 아이템에 적용시켜 보세요.

31

빈티지 청바지

안 입는 긴 청바지를 잘라 멋진 핫팬츠로 변신시켜보세요!
여러분의 여름을 눈부시게 빛내줄거예요.

﹡ 난이도 _ ★ ☆ ☆
﹡ 주요재료 _ 청바지, 레이스, 구슬, 큐빅

1
청바지를 준비합니다.

2
접는 시접의 여유분까지 고려하여
자릅니다.

3
밑단을 말아 접어 앞, 뒤, 옆면의 밑
단을 다리미로 골고루 눌러줍니다.

4
허리 부분에 면 자수 레이스를 글루
건으로 붙여줍니다.

5
손바느질하기 힘든 두꺼운 청바지는
글루건으로 붙여주면 튼튼하게 고정
됩니다.

6
구슬과 큐빅은 실로 튼튼하게 꿰맵
니다.

7
바지 안쪽에 두꺼운 종이를 넣고 면
도칼을 이용해 바지를 긁어냅니다.

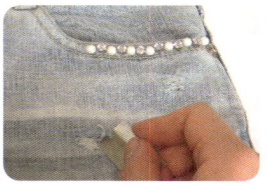

8
실 보풀이 생기면 면도칼로 살살 벗
겨내면서 해진 느낌을 만듭니다.

9
완성된 앞모습입니다.

10
뒷 주머니에 붙일 핫픽스를 준비합
니다.

11
중간 온도의 다리미로 핫픽스를 녹
인 후 비닐커버를 떼어냅니다.

12
고온으로 단단하게 고정시킵니다.

13
완성된 뒷모습입니다.

Tip
청바지에 해진 구멍을 내는
작업은 잘라낸 원단 등에
충분히 연습을 한
후 작업하세요!

finish

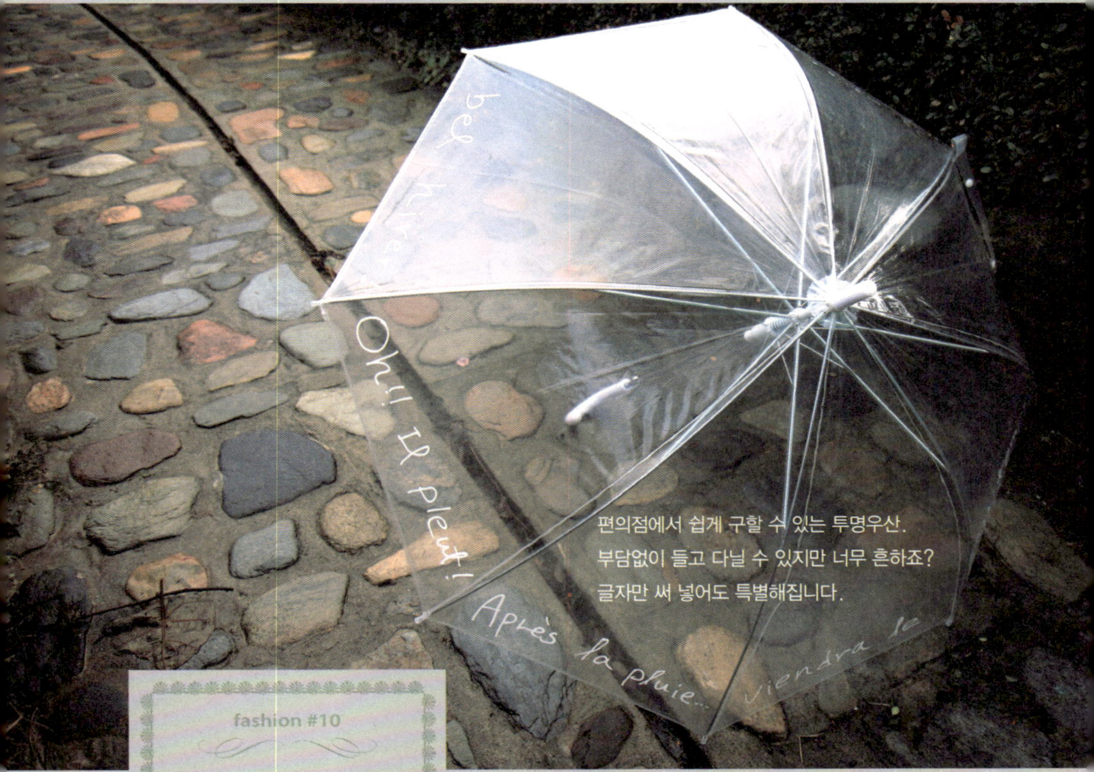

편의점에서 쉽게 구할 수 있는 투명우산.
부담없이 들고 다닐 수 있지만 너무 흔하죠?
글자만 써 넣어도 특별해집니다.

fashion #10

나만의 투명우산

How to make

* 난이도 _ ★☆☆
* 주요재료 _ 우산, 유성 페인트마커

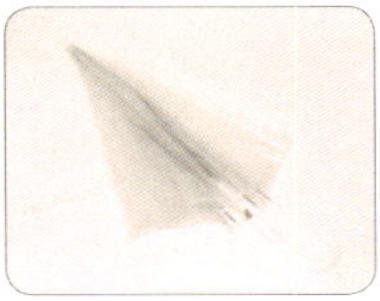

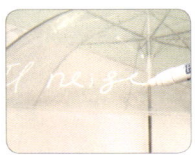

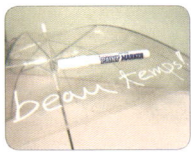

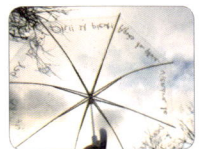

1
투명 비닐 우산을 준비합니다.

2
원하는 글귀를 페인트마커로 씁니다.

3
간단하게 완성.

Tip
마음에 들지 않으면 매니큐어 리무버로 간단히 지우고 다시 쓸 수 있어요. 쉽죠?

fashion #11

귀여운 에코백

그날 패션에 따라 감각있게 들고 다녀 보는 건 어떨까요?

싫증난 가방에 주머니를 달고 그림을 그려
귀여운 가방으로 재탄생시켜 보세요!

* 난이도 _ ★★☆
* 주요재료 _ 가방, 직물용 크레용

1
가방을 준비합니다.

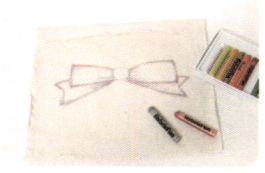

2
주머니를 만들 천에 직물용 크레용
으로 그림을 그립니다.

3
직물용 펜이나 유성펜으로 어울리는
글씨를 써 넣습니다.

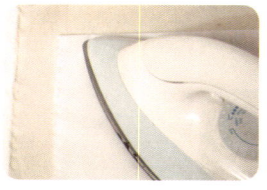

4
천을 덮고 다리미로 열처리합니다.

5
그림에 망사, 큐빅 등으로 장식합
니다.

6
짧은 끈을 떼어내고 긴 끈으로 교체
합니다.

7
가방 안과 주머니에 벨크로를 붙여
줍니다.

8
완성.

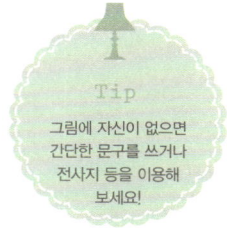

Tip
그림에 자신이 없으면
간단한 문구를 쓰거나
전사지 등을 이용해
보세요!

37

스커트 체인백

아기들 옷은 보고만 있어도 깜찍한 아이템이지요.
작아져서 더 이상 못 입는 스커트를 핸드백으로 변신시켜 보았습니다.
핸드백의 주인공인 조카의 함박웃음을 보고 뿌듯했답니다.

＊ 난이도 _ ★ ★ ☆
＊ 주요재료 _ 스커트, 지퍼, 체인, 코사지, 면테이프

1
도톰한 스커트를 준비합니다.

2
스커트를 뒤집어 밑단을 재봉틀로
박거나 글루건으로 붙여줍니다.

3
1차 완성된 모습입니다.

4
스커트의 허리부분에 글루건을 이용
하여 지퍼를 붙이고 레이스로 장식
합니다.

5
리본 위에 코사지 장식을 붙입니다.

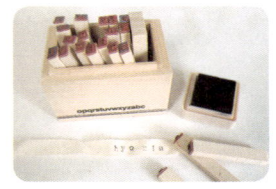

6
면테이프에 스탬프로 이름을 찍어줍
니다.

7
여러 가지 비즈로 마무리 장식을 합
니다.

8
체인을 달아 완성합니다.

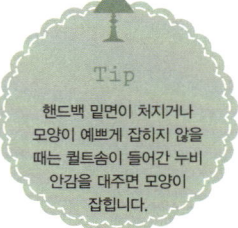

Tip
핸드백 밑면이 처지거나
모양이 예쁘게 잡히지 않을
때는 퀼트솜이 들어간 누비
안감을 대주면 모양이
잡힙니다.

앤티크 옷걸이

옷장에 걸려 있는 정체 모를 옷걸이들.
내 옷을 더욱 더 빛내줄 유니크한 옷걸이로 바꾸어 보세요!

How to make

* 난이도 _ ★ ★ ☆
* 주요재료 _ 옷걸이, 원단, 레이스, 털실, 펠트, 우표, 브로치 판

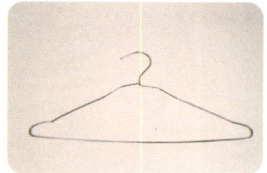

1
옷걸이를 준비합니다.

2
시접까지 고려하여 원단을 2장으로
재단합니다.

3
재봉틀로 원단을 맞대어 박아줍니다.
글루건으로 붙여도 돼요.

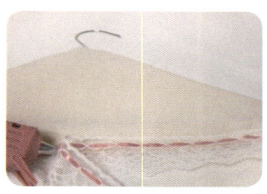

4
완성된 커버를 뒤집은 후 레이스를
붙입니다.

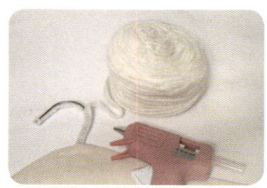

5
털실을 옷걸이의 고리 부분에 감습
니다.

6
커버 앞면에 스탬프를 찍습니다.

7
펠트 위에 우표를 붙인 다음 브로치
판을 달아 줍니다.

8
완성.

How to make

잘 안 입는 치마를 작업용 앞치마로 만들어 보았습니다.
바라만 보아도 아이디어가 퐁퐁 샘솟을 것 같습니다.
여러분도 나만의 작업복 만들기에 도전해 보세요.

＊ 난이도 _ ★★☆
＊ 주요재료 _ 치마, 스탬프, 커트지, 레이스, 금속장식, 토끼 모티프

1
치마를 준비합니다.

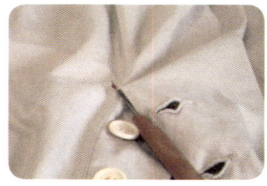

2
치마 뒷면을 실뜯개로 뜯어줍니다.

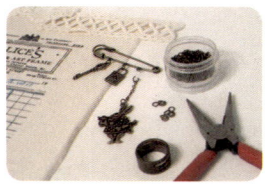

3
치마 앞부분에 예쁜 커트지를 잘라
박아줍니다. 옷핀을 이용해 브로치도
달아줍니다.

4
커트지 위에 레이스로 추가 장식을
합니다.

5
직물용 스탬프로 다양한 그림을 찍
은 후 다림질로 열처리합니다.

6
자수실로 토끼 모티프를 달아줍니다.

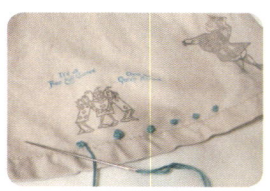

7
자수실로 매듭을 만들어 앞치마 밑
단을 장식합니다.

8
완성.

Tip
셔츠나 조끼를 이용해서
다양한 작업복을
만들어 보세요.

43

핑크털 파우치

간단한 커버링으로 만드는 뽀송뽀송 러블리한 파우치!
보고만 있어도 기분이 좋아지는 완소 아이템입니다.

* 난이도 _ ★ ★ ☆
* 주요재료 _ 파우치, 털원단, 구슬,
　　　　　레이스, 금속 장식, 펠트,
　　　　　글루건

1
작업하기 편하도록 파우치 안에 신
문지를 빵빵하게 채워 넣습니다.

2
실뜯개를 이용하여 손잡이를 떼어냅
니다.

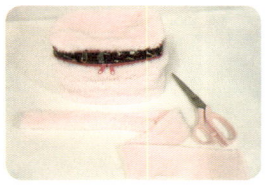

3
털원단을 파우치 크기에 맞게 재단
하고 시접을 말아 글루건으로 붙여
줍니다.

4
밑원단이 보이지 않도록 글루건으로
이음 부분을 꼼꼼이 마감처리합니다.

5
구슬을 꿰어 손잡이를 만들고 실로
달아줍니다.

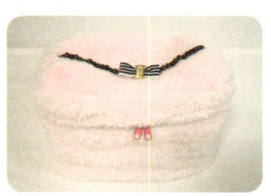

6
버클에 리본을 끼운 다음 구슬 손잡
이에 장식합니다.

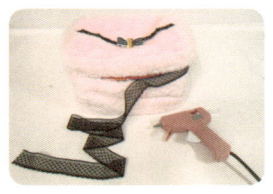

7
레이스를 파우치의 지퍼 아래에 글
루건으로 고정하며 둘러줍니다.

8
펠트에 반전된 이미지를 다리미로
전사합니다.

9
펠트에 금속 장식을 붙이고, 뒤에 핀
을 붙여 브로치를 만듭니다.

10
완성.

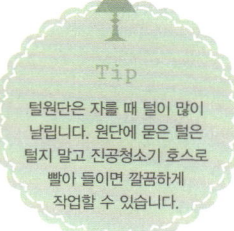

Tip
털원단은 자를 때 털이 많이
날립니다. 원단에 묻은 털은
털지 말고 진공청소기 호스로
빨아 들이면 깔끔하게
작업할 수 있습니다.

fashion #16

터틀넥 니트

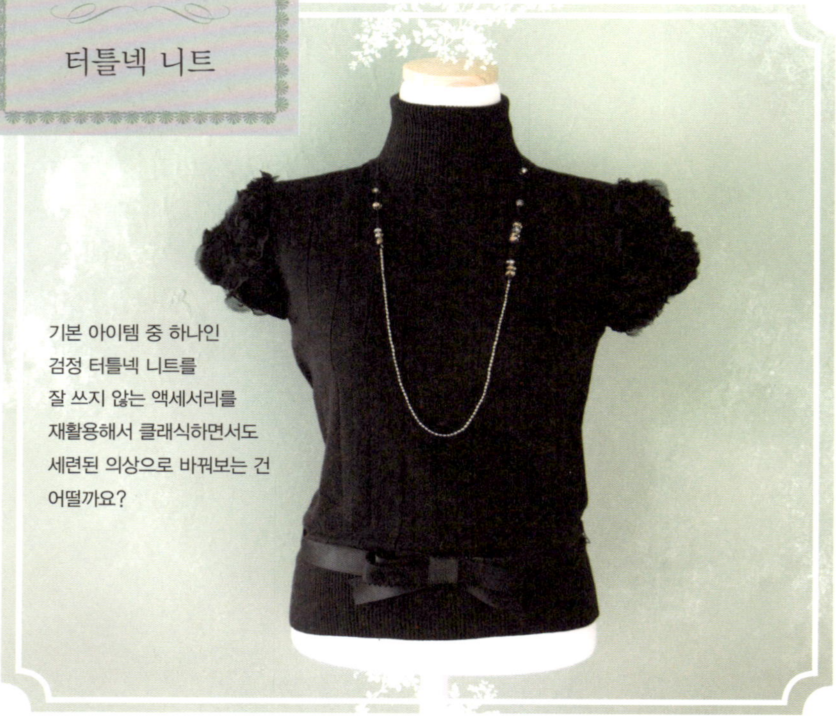

기본 아이템 중 하나인
검정 터틀넥 니트를
잘 쓰지 않는 액세서리를
재활용해서 클래식하면서도
세련된 의상으로 바꿔보는 건
어떨까요?

How to make

* 난이도 _ ★★☆
* 주요재료 _ 터틀넥, 코사지, 리본, 구슬

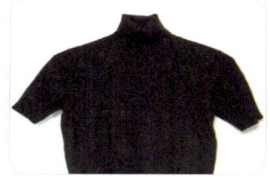

1
터틀넥을 준비합니다.

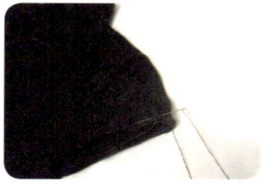

2
소매 시보리 부분은 접어 넣고 홈질합니다.

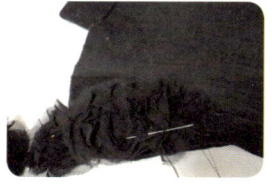

3
소매부분에 시폰 코사지를 조금씩 주름을 잡으면서 바느질하여 신축성을 줍니다.

4
1차 완성된 모습입니다.

5
2종류의 리본테이프로 글루건을 이용해 리본을 만듭니다.

6
벨크로나 스냅단추를 이용해 간단히 벨트를 만듭니다.

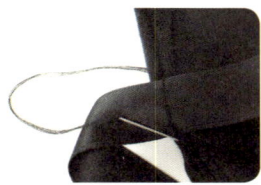

7
여러 겹의 실을 꿰어 허리옆선에 벨트 고리를 만듭니다.

8
2차 완성된 모습입니다.

9
목걸이를 만들 진주구슬과 비즈, 오건디 리본테이프를 준비합니다.

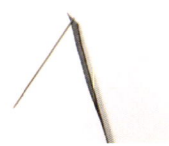

10
리본테이프의 끝을 최대한 가늘에 잘라 바늘 귀에 넣습니다.

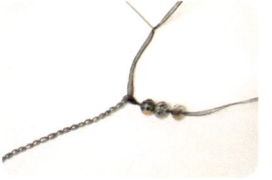

11
진주구슬 양끝의 실 매듭에 리본테이프를 끼워 흰실이 보이지 않을 때까지 여러 번 튼튼하게 매듭을 만든 후 잘라냅니다.

12
완성된 목걸이입니다.

13
완성.

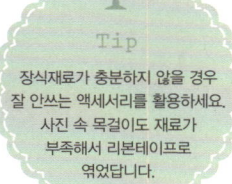

Tip
장식재료가 충분하지 않을 경우
잘 안쓰는 액세서리를 활용하세요.
사진 속 목걸이도 재료가
부족해서 리본테이프로
엮었답니다.

프릴 원피스

How to make

자주 입어 낡은 옷들은 편하게 입다보니 정들어 쉽게 버리지도 못합니다.
늘어나거나 구멍이 생긴 부분을 단순한 수선에서 벗어나 새것보다 더 예쁘게 변신시켜 보세요!

＊ 난이도 _ ★ ★ ☆
＊ 주요재료 _ 원피스, 레이스, 모티프, 리본테이프, 라벨

1
원피스를 준비합니다.

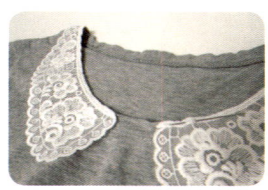

2
늘어난 목 주변에 레이스 모티프를
꿰매 줍니다.

3
직물펜으로 위치를 표시한 후 단추
를 달아 줍니다.

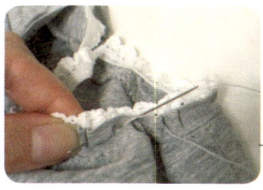

4
늘어난 소매는 고무줄 레이스를 잡
아 당겨주면서 홈질하여 자연스럽게
주름이 생기게 합니다.

5
1차 완성된 모습입니다.

6
허리 주변에 레이스와 리본테이프를
달아 허리 라인을 만듭니다.

※ 일반 고무줄을 4번과 같은 방법으로
안쪽에서 바느질해서 대체해도 됩니다.

7
라벨을 만들어줄 천에 직물용 잉크
로 스탬프를 찍습니다.

8
목 주변에 라벨을 달아줍니다.

빈티지 타일받침대

쓰고 남은 타일로 냄비와 컵 받침을 만들어볼까요?
그림에 자신이 없는 분들도 스탬핑 한 번으로
멋진 작품을 손쉽게 만들 수 있답니다.

* 난이도 _ ★ ☆ ☆
* 주요재료 _ 타일, 스탬프, 레이스

1
타일의 표면을 깨끗이 닦아줍니다.

2
유성잉크를 이용해 스탬프를 찍습
니다.

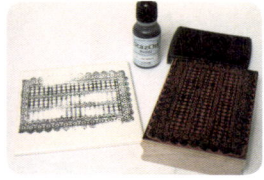

3
잉크가 모두 마르도록 잠시 기다립
니다.

4
타일 테두리에 글루건 등으로 레이
스를 붙이면 테이블과 부딪히는 소
리가 줄어들고 장식효과도 줍니다.

5
완성.

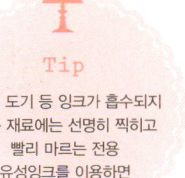

Tip
유리, 도기 등 잉크가 흡수되지
않는 재료에는 선명히 찍히고
빨리 마르는 전용
유성잉크를 이용하면
좋습니다.

로맨틱 꽃병

How to make

요즘은 제품보다 더 돋보이는 예쁜 디자인의 포장재가 많습니다.
버리지 말고 따로 모아두었다가 활용해보세요.

* 난이도 _ ★☆☆
* 주요재료 _ 페트병, 유산지, 붕대, 맥주 병뚜껑, 스탬프

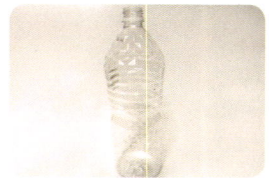

1
페트병을 준비합니다.

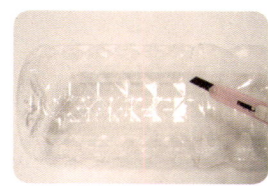

2
커터칼로 살살 돌려가며 잘라냅니다.

3
빵 포장지로 많이 쓰이는 유산지를
셀로판테이프 등을 이용하여 감싸줍
니다.

4
붕대로 리본을 만듭니다.

5
맥주 병뚜껑에 씰 스탬프를 찍어 장
식합니다.

6
그 외 봉투, 노끈, 행택 등을 이용해
다양한 디자인을 만들어 봅니다.

Tip

씰 스탬프 만들기

① 씰 전용 스탬프
와 씰링왁스, 병뚜
껑을 준비합니다.

② 씰링 왁스 심지
에 불을 붙인 후 왁
스를 병뚜껑 위에
떨어뜨립니다.

③ 왁스가 굳기 전
에 재빨리 스탬프를
누릅니다.

④ 완성

deco #20

화분받침&네임꽂이

주변에서 흔히 구할 수 있는 재료들로 손쉽게 미니정원을 만들어 보세요.
여러분의 창문가를 싱그럽게 해 준답니다.

* 난이도 _ ★ ☆ ☆
* 주요재료 _ 캔, 두꺼운 종이,
  나무젓가락

화분받침

1
참치캔을 준비합니다.

2
박스테이프로 캔의 바탕무늬가 보이
지 않도록 여러 겹 감습니다.

네임꽂이

3
디자인 테이프 등을 이용해 장식합
니다.

1
두꺼운 종이와 나무젓가락을 준비합
니다.

2
종이를 모양을 내어 잘라줍니다.

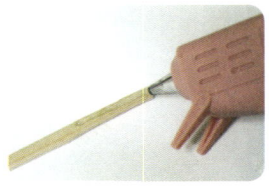

3
나무젓가락에 글루건을 바릅니다.

4
종이에 나무젓가락을 붙여 완성합
니다.

준비물 : 플로럴폼, 캔

Tip

초간단 꽃꽂이

① 깨끗이 씻은 캔에 플로럴폼
을 잘라 넣어준 후 천천히 물을
부어줍니다.

② 꽃을 플로럴폼에 하나씩 꽂
아줍니다.

③ 꽃꽂이 완성.

머그 화분

심심한 머그잔에 네임펜을 콕콕 찍어 멋지게 변신시켰습니다.
그림에 자신이 없다고요?
메이크업 리무버로 간단히 지워지니 부담 없이 도전해 보세요!

* 난이도 _ ★★☆
* 주요재료 _ 찻잔, 유성펜, 라인스톤

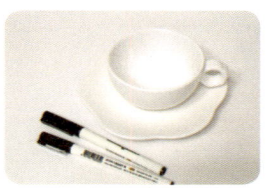

1
굵기가 다른 두 종류의 유성펜과 머
그잔을 준비합니다.

2
머그잔 상단에 굵은펜으로 줄을 긋
습니다. 삐뚤어진 선은 이쑤시개에
매니큐어 리무버를 묻혀 지웁니다.

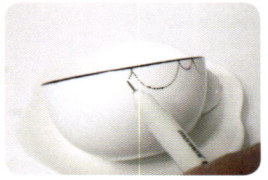

3
가는 펜으로 점을 찍으면서 그림을
그립니다.

4
아래 접시에는 원하는 글자를 적어
넣습니다.

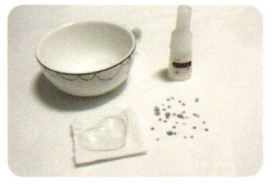

5
순간접착제를 이용해 라인스톤을 붙
여줍니다. 접착제가 많이 묻으면 유
성펜이 지워지니 조금씩 묻힙니다.

6
완성.

머그컵에 구멍 뚫는 법

1
머그컵을 1~3일 물에 담가 재질을
연하게 합니다.

2
충격흡수를 위해 컵 안에 젖은 걸레
나 헝겊을 빈틈없이 채워 넣습니다.

3
밑바닥을 테이프로 단단히 감고 바
닥에 푹신한 천을 깔고 콘크리트 못
을 망치로 조금씩 여러 번 쳐서 구멍
을 뚫습니다.

4
구멍을 뚫은 곳은 날카로우니 줄을
이용해 부드럽게 다듬은 후 사용합
니다.

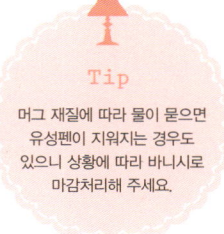

Tip
머그 재질에 따라 물이 묻으면
유성펜이 지워지는 경우도
있으니 상황에 따라 바니시로
마감처리해 주세요.

deco #22

러블리 마그넷

냉장고에 붙어있는 식상한 마그넷 대신 나만의 작품을 만들어 보는 건 어떨까요?
펠트와 전사지가 없으면 포장박스의 예쁜 이미지를 오려 간단히 만들 수 있답니다.

* 난이도 _ ★ ☆ ☆

* 주요재료 _ 마그넷, 펠트, 전사지, 털실, 레이스, 구슬

1
전단지에 붙은 마그넷을 떼어 냅
니다.

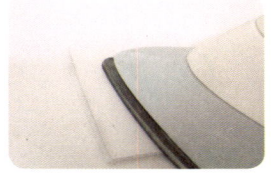

2
두툼한 펠트에 전사할 이미지를 준
비하여 다리미로 꾹꾹 눌러줍니다.

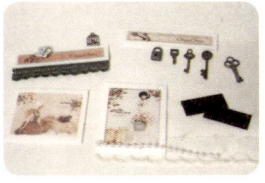

3
전사된 펠트 위에 장식을 답니다.

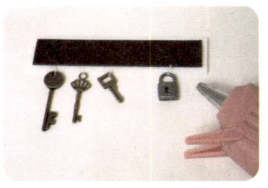

4
뒷면에 글루건을 이용해 마그넷을
붙입니다.

5
그 외 털실, 레이스, 구슬 등을 이용
해 다양한 작품을 만들어 봅니다.

Tip
전사 다림질 온도는 모직 이하로
하여 원단에 따라 5~10초 정도
합니다. 펠트는 전사가 5초 이하로
짧은 시간에 선명하게 되기
때문에 초보자들도 쉽게
할 수 있어요.

finish

다 쓴 전구로 예쁜 장식을 만들어 보는 건 어떠세요?
여러분 마음 속에 화사한 빛을 선물해 줄 거예요.

＊ 난이도 _ ★ ☆ ☆
＊ 주요재료 _ 전구, 페인트마카, 철사, 체인

1
다 쓴 전구를 준비합니다.

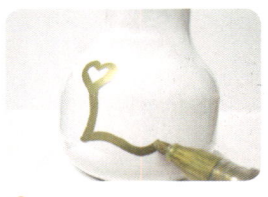

2
페인트마카로 글씨를 쓰거나 그림을
그립니다.

3
1차 완성한 모습입니다.

4
접착제를 이용해 라인스톤을 장식합
니다.

5
글루건으로 전구꼭지에 글루를 발라
체인을 1차 고정합니다.

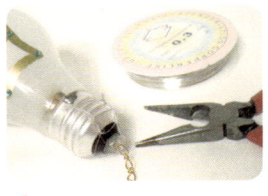

6
공예용 와이어로 전구꼭지와 체인을
감아 단단하게 고정합니다.

7
완성.

Tip
페인트마카는 유성과 수성이
있습니다. 야외에 걸어둘
경우는 반드시 유성을
사용하세요.

deco #24

플라워 양초컵

62

아끼던 유리컵을 설거지하다 그만 깨뜨렸어요.
버리기 아까워 양초컵으로 만들었더니 물컵으로만 사용할 때보다
훨씬 더 멋져보이네요.

＊ 난이도 _ ★☆☆
＊ 주요재료 _ 유리컵, 초, 심지

1
금이 가거나 깨진 유리컵을 준비합
니다.

2
강력접착제를 이용하여 조각을 붙인
후 일반 양초와 투명 젤리초를 준비
합니다.

3
양초를 잘라 중탕으로 녹입니다.

4
실을 여러가닥 꼬아 양촛물을 묻혀
심지를 만듭니다.

5
심지고정판을 이용하거나 젓가락을
이용해 심지를 고정한 후 양촛물을
컵의 ½정도 붓습니다.

6
심지가 흔들리지 않을 때까지 완전
히 양초를 굳힙니다.

7
양초 위에 말린 꽃을 올린 후 녹인
젤리초를 부어 완성합니다.
※심지 주변에는 꽃잎을 넣지 마세요. 심지의 불
꽃이 꽃잎으로 옮겨 붙기 쉽습니다.

8
완성.

Tip
젤리초는 꽃잎이 잘 보이도록 넣은
투명초입니다. 일반초보다 녹는 점이
높기 때문에 용기에 넣어 직접
가열합니다. 꽃잎을 넣지 않을
경우는 없어도 됩니다.

러블리 스위치 커버

쉽게 구할 수 있는 택배 박스 골판지로 빈티지 액자같은 스위치 커버를 만들어 보세요!
스위치 커버 하나로 갤러리같은 멋진 벽을 만들 수 있답니다.

＊ 난이도 _ ★ ★ ☆
＊ 주요재료 _ 골판지, 원단, 레이스, 리본, 구슬

1
작업할 스위치입니다.

2
스위치 내경보다 약간 여유있게 골
판지를 오려냅니다.

3
레이스와 리본 등으로 기본 장식을
합니다.

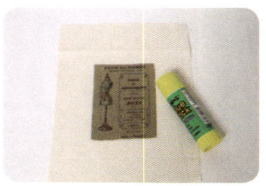

4
스위치를 덮을 바탕 원단 위에 또다
른 원단을 딱풀로 붙입니다.

5
스위치 위에 원단과 커버를 올려 글
루건이나 딱풀로 고정시킵니다.

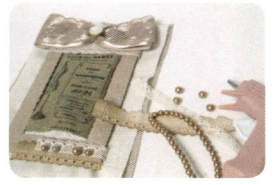

6
커피물로 염색한 레이스와 아크릴
구슬 등으로 장식합니다.
※ 커피 염색법은 89페이지에 있습니다.

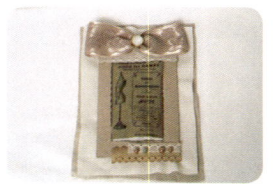

7
완성.

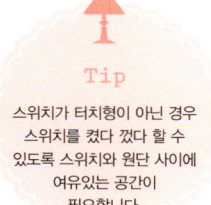

Tip
스위치가 터치형이 아닌 경우
스위치를 켰다 껐다 할 수
있도록 스위치와 원단 사이에
여유있는 공간이
필요합니다.

병뚜껑 브로치

쓸모없어 보이는 맥주 병뚜껑으로 브로치, 압정, 마그넷을 만들어 보세요.
다양한 용도와 디자인으로 재탄생 하지요.

* 난이도 _ ★ ★ ☆

* 주요재료 _ 병뚜껑, 에폭시, 망사,
자투리 원단, 투명경
화제, 펠트, 구슬

1

병뚜껑 지름보다 조금 더 큰 이미지
가 프린트된 종이를 준비합니다.

2

종이를 병뚜껑 안으로 꼼꼼히 집어
넣습니다. 얇은 종이일 경우 밑에
1〜2장의 종이를 더 넣습니다.

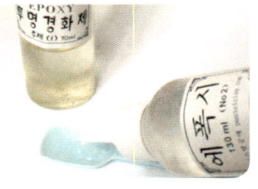

3

투명경화제와 에폭시를 1 : 2의 비율
로 섞습니다.

4

병뚜껑에 부은 후에 먼지가 들어가
지 않도록 종이 등을 덮어 건조시킵
니다.

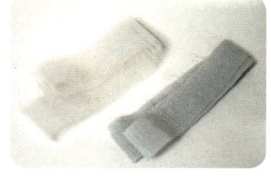

5

폭 1.5〜2cm, 길이 30cm 정도의 얇
은 면원단과 망사를 준비합니다.

6

두 장을 맞대어 주름을 만들어 줍
니다.

7

돌돌 말린 주름을 병뚜껑 둘레에 글
루건으로 붙여줍니다.

8

병뚜껑 주변에 글루건을 바르고 비
즈를 뿌려줍니다.

9

펠트와 줄구슬을 이용해 장식합니다.

10

병뚜껑 뒤에 브로치핀이나 압정, 자
석을 붙여 완성합니다.

Tip

에폭시는 드라이플라워
공예점에서 구할 수 있습니다.
에폭시가 없을 경우는 비닐이나
바니시를 발라 코팅할
수도 있습니다.

deco #27

탁상 시계

개업선물로 받는 판촉물은 애물단지가 되기 쉽지요.
아버지 방에서 발견한 오래된 검은 탁상시계를 블링블링하게 변신시켜 보았습니다.
라인스톤을 일일이 붙일 수 있는 꼼꼼함만 있으면 됩니다.

How to make

* 난이도 _ ★★☆
* 주요재료 _ 시계, 털원단, 라인스톤, 레이스, 리본, 금속 장식

1
탁상시계의 먼지를 깨끗이 제거합니다.

2
드라이버를 이용해 분리합니다.

3
글루건을 테두리에 바릅니다.

4
털원단을 붙여줍니다.

5
시계에 붙일 라인스톤을 준비합니다.

6
시계테두리에 접착제나 양초를 이용해 라인스톤을 골고루 붙인 후에 유리를 덮습니다.

7
시계를 판 위에 고정시킵니다.

8
레이스, 리본, 금속 장식 등을 붙입니다.

9
깃털 등으로 시계 분위기에 맞게 볼펜을 변신시켜 완성합니다.

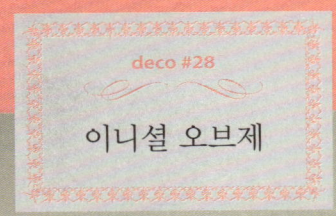

deco #28

이니셜 오브제

시중에서 쉽게 구할 수 있는 흔한 이니셜 오브제 대신
내 손으로 직접 만드는 의미있는 오브제는 어떠세요?
좋아하는 장식을 붙여 세상에 단 하나 뿐인 나만의 유니크한 작품을 만들어 보세요!

How to make

* 난이도 _ ★★☆
* 주요재료 _ 골판지, 원단, 망사,
   코사지, 털, 체인, 큐빅

1
골판지 위에 이니셜을 그립니다.

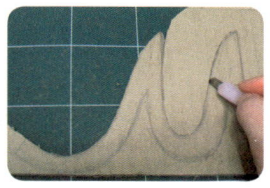

2
커팅 매트 위에 놓고 커터칼로 오려
냅니다.

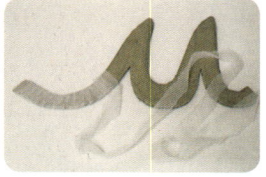

3
오려낸 글자에 망사를 돌돌 말아줍
니다.

4
코사지, 털, 체인 등의 장식을 붙입
니다.

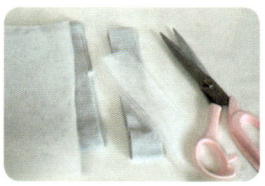

5
면원단과 망사를 폭 1.5~2cm로 자
릅니다.

6
두 장을 겹쳐 홈질한 후 바짝 당겨
주름을 잡습니다.

7
돌돌 말린 주름을 둥근 모양으로 만
들어 글루건으로 고정합니다.

8
코사지, 큐빅 등으로 장식합니다.

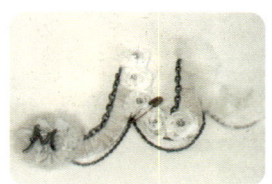

9
M 이니셜 완성.

10
그 외 털실, 리본, 금속 장식 등으로
다양한 이니셜을 만들어 보세요.

Tip
벽에 고정시킬 때는 반드시 위치를
정확히 정한 후에 글루건으로
붙이세요! 벽지 위에 붙였다
때면 보기 싫은 자국이 남을
수도 있습니다.

레이스 장식 액자

심심하거나 지저분해진 액자를 원단이나 장식재료를 이용하여 멋지게 꾸며 보세요.
액자 하나로 공간이 멋지게 바뀐답니다.

✳ 난이도 _ ★ ★ ☆
✳ 주요재료 _ 액자, 원단, 스탬프, 레이스, 단추, 구슬, 큐빅

1
유리를 분리한 액자를 준비합니다.

2
원단을 액자보다 크게 재단합니다.

3
시간이 지나면 사라지는 기화성 펜
으로 액자틀을 그린 후 그 주변에 스
탬프를 찍습니다.

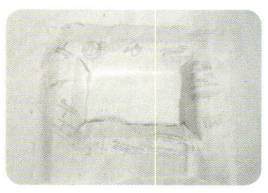

4
원단 중앙을 잘라낸 후 사각 모서리
에 가위집을 냅니다.

5
딱풀과 글루건을 이용하여 액자틀에
원단을 감쌉니다.

6
모서리의 시접을 접어 깔끔하게 정
리합니다.

7
뒷면 전체에 레이스를 둘러줍니다.

8
스탬프한 원단을 액자 밑판에 붙입
니다.

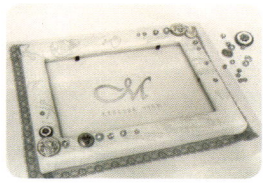

9
단추, 구슬, 큐빅을 이용하여 장식합
니다.

레이스 장식 유리병

쓸모없었던 맥주병이 멋진 유리병으로 변신했습니다.
시계나 팔찌 등 액세서리를 보관하는 홀더로도 이용할 수 있답니다.
레이스와 글루건만 있으면 손쉽게 뚝딱 만들 수 있으니 도전해 보세요!

✱ 난이도 _ ★ ☆ ☆
✱ 주요재료 _ 유리병, 망사, 레이스

1
라벨을 제거한 깨끗한 유리병을 준
비합니다.

2
신축성 있는 망사를 병에 감싸 글루
건으로 붙이고, 가위로 테두리를 잘
라냅니다.

3
여러 가지 레이스를 글루건으로 붙
여 장식합니다.

4
망사를 묶어 리본 모양을 만듭니다.

5
여러 가지 병으로 다양한 디자인을
추가합니다.

Tip

유리병은 차가워서 글루건을
바르면 금방 굳어요. 망사 위에
글루를 문지르듯이 바르고
고정시키면 깔끔하고
편리합니다.

box & container #31

프로방스풍 소스병

How to make

큼직하고 튼실하여 보관용기로 안성맞춤인 소스병!
그냥 쓰기에는 브랜드 로고 때문에 조금 망설여지지요.
이제는 용도에 맞게 예쁘게 리폼해서 수납 뿐만 아니라
장식용으로도 사용하세요.

* 난이도 _ ★ ☆ ☆
* 주요재료 _ 병, 원단, 트레이싱지, 레이스, 펠트

1
라벨이 제거된 유리병을 준비합
니다.

2
뚜껑 안쪽을 덮을 분량까지 고려하
여 원단을 재단합니다.

3
원단에 딱풀을 골고루 바른 후 뚜껑
에 전체적으로 감싸줍니다.

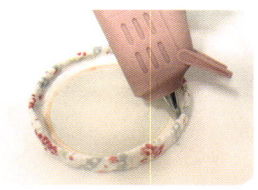

4
뚜껑 안쪽에 글루건을 얇게 발라 완
벽하게 마감처리합니다.
※너무 두꺼우면 뚜껑이 닫히지 않아요.

5
이미지를 출력하여 붙여줍니다.

6
병입구에 레이스를 둘러줍니다.

7
펠트에 이미지를 전사하여 미니 네
임택을 만듭니다.

8
글루건으로 붙여주면 완성.

9
다양한 재료로 여러 가지 작품을 만
듭니다.

box & container #32

플라워 틴케이스

잡화점에 있는 예쁜 틴케이스, 참 사고 싶은 아이템이지요.
이젠 내 손으로 한 차원 높은 작품을 만들어 보세요!
단순한 그림만 있는 기성제품에서 만날 수 없는
수공예만의 매력을 만날 수 있습니다.

Tip
광이 있는 에나멜
유성페인트를 이용하면
고급스러운 느낌을 살릴
수 있습니다.

＊ 난이도 _ ★ ☆ ☆ ＊ 주요재료 _ 깡통, 페인트, 레이스, 원단

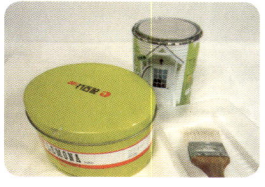

1
깡통과 페인트를 준비합니다.

2
밑에 깔아 놓은 신문지에 달라붙지 않도록 반드시 받침대에 올려놓고 작업합니다.

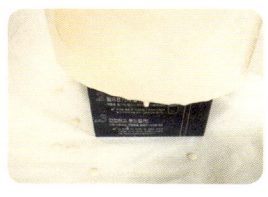

3
붓칠자국이 생기지 않도록 살짝 흘러내리도록 바릅니다.

4
완전히 마른 상태가 되면 2차 작업 준비를 합니다.

5
뚜껑이 덮이는 위치에 리본과 레이스를 둘러줍니다.

6
레이스 모티프와 원단을 준비합니다.

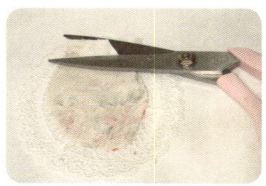

7
딱풀이나 글루건을 이용해 두 장을 붙인 후 모양에 맞게 테두리를 잘라 냅니다.

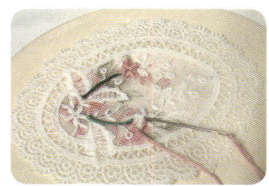

8
꽃무늬를 따라 간단히 수를 놓습니다.

9
실이나 만능본드를 이용해 비즈를 달아 줍니다.

10
버클에 리본테이프를 끼워 넣어 리본장식을 만듭니다.

11
레이스 모티프를 뚜껑에 글루건으로 붙이고 줄구슬로 마무리 장식을 합니다.

12
완성.

녹이 슬어 얼룩덜룩해진 통조림 깡통으로 인테리어 소품을 만들어 보세요.
좋아하는 색으로 페인트를 칠하는 재미가 참 쏠쏠하답니다.

* 난이도 _ ★☆☆
* 주요재료 _ 깡통, 페인트, 열쇠 장식

1
깡통에 붙어있는 종이 라벨을 제거
합니다.

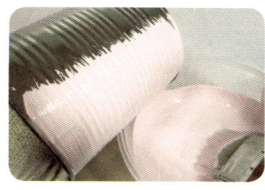

2
장갑낀 손을 깡통 안에 넣고 돌리면
서 페인트를 칠합니다.

3
건조시 밑의 골판지와 달라붙지 않
도록 받침대 위에 올려 자연건조 시
킵니다.

4
테두리에 글루건으로 줄구슬을 붙여
장식합니다.

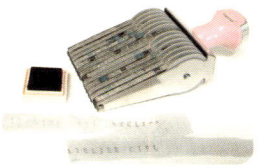

5
얇은 면 원단을 잘라 스탬프를 찍습
니다.

6
스탬프 찍은 천으로 리본을 만들고
열쇠를 달아줍니다.

7
글루건을 이용해 고정시킵니다.

Tip
소품의 경우 페인트가 아닌
아크릴 물감을 사용해도 됩니다.
붓칠 자국없이 매끈한 광택을
원할 때에는 유성 페인트를
사용하세요.

나무색 상자를 산뜻한 화이트 상자로 바꾸어 보았습니다.

사포를 문지를 힘만 있다면 누구나 쉽게 만들 수 있답니다.

＊ 난이도 _ ★ ☆ ☆

＊ 주요재료 _ 나무상자, 페인트, 사포

1
진한 색상의 나무상자입니다.

2
전체적으로 넓은 붓을 이용해 화이
트로 페인트칠을 합니다.

3
모서리진 부분은 가는 붓으로 칠합
니다.

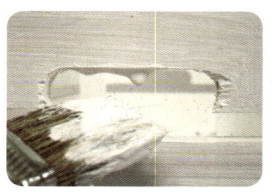

4
구석진 곳에 페인트가 뭉치지 않도
록 마무리 정리합니다.

5
하루 이상 완전히 말려야 사포 작업
이 용이합니다.

6
거친 사포를 이용해 모서리 부분을
문질러 빈티지한 느낌을 더합니다.

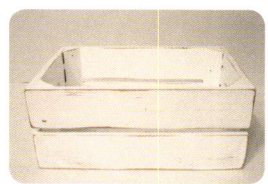

7
사포작업을 마친 모습입니다.

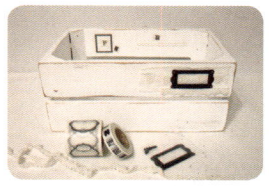

8
네임플레이트, 마스킹테이프, 레이스
등을 이용해 장식합니다.

Tip

사포질을 하면 페인트와
나무 가루가 날리게 되니
바람이 불지 않는 장소에서
신문지를 넓게 깔고
작업하세요!

여기저기 굴러다니는 원통상자를 앤티크하게 꾸며 보았습니다.
빈티지한 이미지와 커피염색 레이스로 간단하게 작업해 보세요.

Tip

레이스뿐만 아니라 원단에도
붓을 이용하여 군데군데
커피나 홍차 물을 들이면
더욱 더 앤티크한 느낌을
살릴 수 있습니다.

How to make

* 난이도 _ ★★☆ * 주요재료 _ 상자, 원단, 구두장식

오른쪽 상자

1
원통상자를 준비합니다.

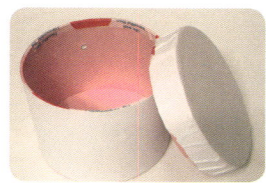

2
원단이 얇을 경우 상자의 무늬가 비
쳐 보일 수 있으니 종이를 둘러 딱풀
로 붙여주는 초벌 작업을 합니다.

3
전사지에 출력한 이미지를 원단 위
에 놓고 5~10초 정도 다리미로 전
사합니다.

4
원단에 딱풀을 전체적으로 바른 후
상자에 감싸줍니다.

5
커피물로 염색한 레이스와 라인스톤
등으로 장식을 합니다.

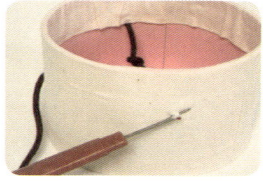

6
송곳으로 구멍을 뚫고 새로운 끈을
답니다.

7
오른쪽 상자가 완성되었습니다.

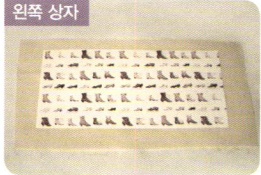

왼쪽 상자

1
왼쪽 상자를 덮을 원단과 전사지를
준비합니다.

2
종이로 초벌한 상자 위에 전사된 원
단을 딱풀과 글루건을 이용해 붙여
줍니다.

3
신축성 있는 스웨이드나 벨벳 원단
으로 뚜껑을 감싸줍니다.

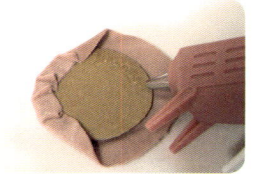

4
골판지로 뚜껑보다 좀 더 작은 원형
을 만들어 원단으로 감싸 뚜껑 위판
에 붙입니다.

5
구두 장식을 달아 완성합니다.

소품 트레이

필요에 딱 맞는 수납 트레이 찾기, 은근히 어렵습니다.
더구나 별다른 디자인이 없는 수납용인데도 비싼 상품도 많습니다.
일회용 도시락 트레이를 이용해서 여러분 구미와 용도에 딱 맞는 트레이를 만들어 보세요!

How to make

* 난이도 _ ★ ☆ ☆
* 주요재료 _ 일회용 도시락 트레이, 잡지

1
깨끗하게 씻어 말린 도시락 트레이
를 준비합니다.

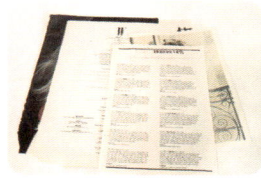

2
적당한 두께감이 있는 잡지 종이를
준비합니다.

3
트레이 크기보다 종이를 넉넉하게
자르고 종이 뒷면에 풀을 바릅니다.

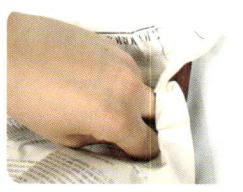

4
주먹이나 스펀지 등을 이용해 종이
를 꼼꼼하게 붙입니다. 손톱에 종이
가 찢어질 수 있으니 조심하세요.

5
가장자리는 가위 등을 이용해 정리
한 후 말아접습니다.

6
하나 하나씩 종이를 붙여 완성합
니다.

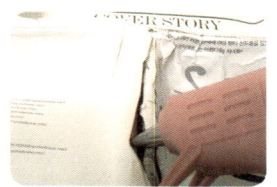

7
가장자리는 글루건으로 꼼꼼하게 붙
여 정리합니다.

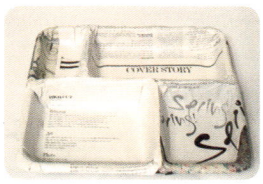

8
완성.

앤티크 수납통

반찬통은 입구가 넓고 높이는 낮아 다용도 수납통으로 재활용하기에 딱입니다.
마시다 남은 커피로 앤티크하게 만들어 보세요!
수납 용도뿐만 아니라 인테리어 소품으로 활용할 수 있어 일석이조랍니다.

∗ 난이도 _ ★ ☆ ☆
∗ 주요재료 _ 플라스틱통, 원단, 커피, 체인

1
라벨을 제거한 플라스틱 통을 준비
합니다.

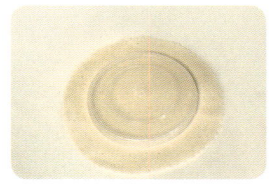

2
뚜껑을 감쌀 원단을 준비합니다.

3
원단을 접어 커피물에 가장자리를
2~3번 담갔다 빼면서 자연스럽게
염색을 합니다.

4
원단에 스탬프를 일정하게 찍어 패
턴을 만들어 줍니다.

5
뚜껑에 딱풀이나 글루건을 이용하여
레이스와 원단을 감싸 붙여 줍니다.

6
체인을 붙이면 원단 주름을 표현할
수 있고 여닫기도 편리합니다.

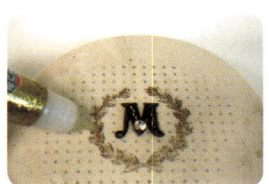

7
금속 이니셜과 반짝이 풀을 이용하
여 장식합니다.

8
완성.

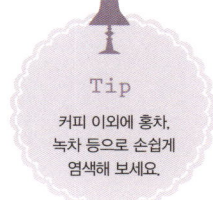

Tip
커피 이외에 홍차,
녹차 등으로 손쉽게
염색해 보세요.

시크 페인트병

여러 가지 병을 페인트를 비롯한
다양한 재료를 이용하여
감각적으로 변신시켜 보세요.
한 번만 작업해 보면 어느샌가 다양한 병을
모으고 있는 자신을 발견하게 될거예요!

How to make

* 난이도 _ ★ ☆ ☆
* 주요재료 _ 병, 유성 페인트, 유성 잉크, 스탬프, 투명라벨지

B

A

1
라벨을 제거한 병을 준비합니다.

2
맥주병같이 밑면적이 좁은 병은 입
구에 휴지 등을 집어넣어 한 손으로
잡으면서 페인트칠을 합니다.

3
완벽하게 마를 때까지 자연건조합
니다.

4
유리. 철제용 전용 유성잉크로 스탬
프를 찍습니다.

B

1
작업할 병을 준비합니다.

2
뚜껑이 닫히는 자리만 빼고 페인트
칠을 합니다.

3
완벽하게 마를 때까지 자연건조합
니다.

4
투명라벨지에 원하는 이미지를 출력
하여 병에 붙입니다.

Tip

유성 페인트는 반드시 천천히
완벽하게 자연건조 시켜야 해요.
급한 마음에 드라이어나 선풍기를
이용하면 페인트칠이 녹아
보기 흉해집니다.

91

How to make

지저분해진 플라스틱 상자에 디자인 냅킨을 씌워 새롭게 만들어 보세요.
냅킨의 시크한 분위기에 앤티크한 느낌까지 있는 매력 가득한 상자입니다.

* 난이도 _ ★ ☆ ☆
* 주요재료 _ 플라스틱 상자, 냅킨, 만능본드, 바니시, 비즈, 레이스, 마스킹테이프

1
라벨을 제거한 플라스틱 상자를 준
비합니다.

2
농도 조절을 위해 상자 전체에 물 스
프레이를 뿌린 후 만능본드를 골고
루 바릅니다.

3
냅킨으로 전체적으로 감쌉니다.

4
디자인 나이프나 커터칼로 상자를
분리합니다.

5
가장자리는 만능본드를 이용하여 꼼
꼼히 마무리합니다.

6
상자표면에 바니시를 이용하여 코팅
처리를 합니다.

7
비즈, 레이스, 마스킹테이프 등을 이
용하여 장식합니다.

8
털실, 단추, 펠트 등의 재료로 다양한
디자인의 상자를 만들어보세요.

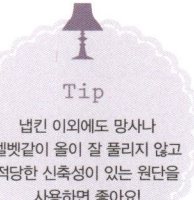

Tip
냅킨 이외에도 망사나
벨벳같이 올이 잘 풀리지 않고
적당한 신축성이 있는 원단을
사용하면 좋아요!

소재는 좋지 않았지만 크기와 모양이 마음에 들어 창고에 보관해 둔 나무상자.
그런데 오랜 시간 동안, 먼지와 습기에 방치되다 보니
여기 저기가 얼룩덜룩해져서 더 이상 쓸모가 없어 보였습니다.
하지만 간단하게 페인트와 리본테이프로 리폼하니
애물단지에서 블링블링한 작품으로 변신했어요.
여러분도 당장 창고를 뒤져 보세요!

How to make

* 난이도 _ ★ ★ ☆
* 주요재료 _ 상자, 페인트, 리본, 테이프, 라인스톤

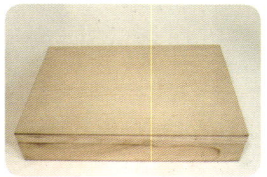

1
나무상자의 먼지를 제거합니다.

2
상자 전체에 페인트칠을 합니다.

3
페인트가 적당히 마른 후에 윗상자
는 핑크색으로 덧칠합니다.

4
완벽하게 마를 때까지 자연건조합
니다.

5
먹지를 이용해 원하는 문구를 새겨
넣습니다.

6
글자를 따라 리본테이프를 두른 후
군데군데 글루건을 점찍듯이 눌러
고정합니다.

7
라인스톤으로 리본테이프를 추가 고
정 및 장식합니다.

8
레이스, 리본으로 장식을 마무리합
니다.

Tip

나무결이 매끈한 경우에는 가로, 세로
방향으로 칠하면 깨끗해 보이지만,
나무결이 거친 경우는 결 방향으로만
칠하여 결을 살려주면
더 깔끔해 보입니다.

box & container #41

사각 나무상자

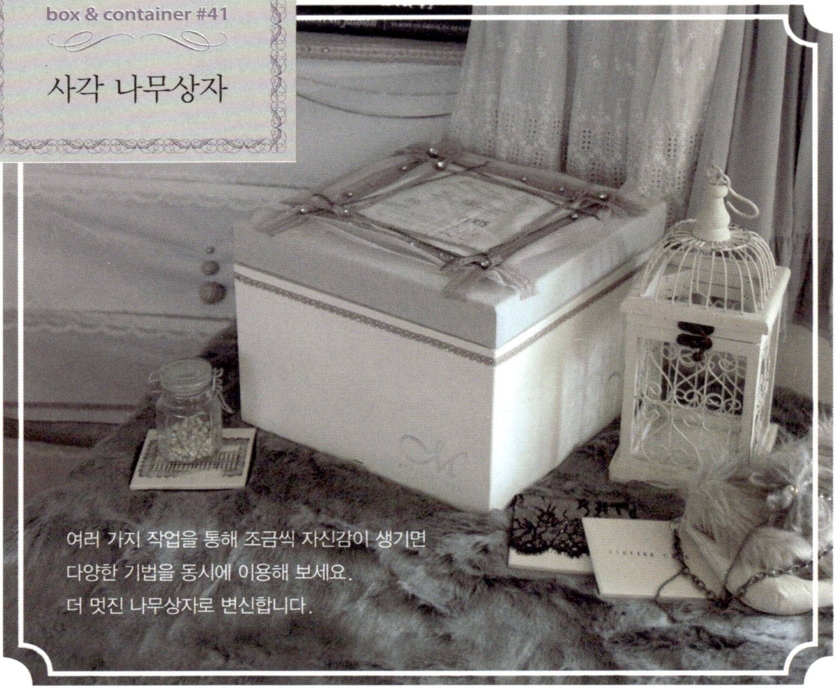

여러 가지 작업을 통해 조금씩 자신감이 생기면
다양한 기법을 동시에 이용해 보세요.
더 멋진 나무상자로 변신합니다.

How to make

* 난이도 _ ★★★
* 주요재료 _ 나무상자, 페인트, 원단, 스탬프

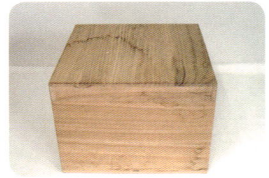

1
나무상자를 준비합니다.

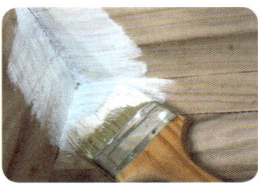

2
안쪽 모서리부터 페인트칠을 시작합니다.

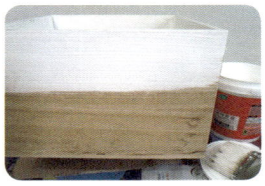

3
받침대에 올려 가로, 세로 방향으로 2~3번 이상 페인트칠을 합니다.

4
자연건조로 완벽하게 말려 2차 작
업 준비를 합니다.

5
상자 뚜껑에 맞는 사이즈로 원단을
잘라 딱풀을 골고루 발라준 후 상자
에 붙입니다.

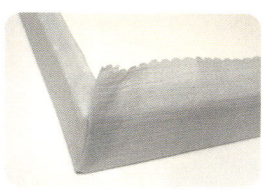

6
모서리 부분은 시접정리를 하여 잘
말아 감쌉니다.

7
2차 완성된 나무상자입니다.

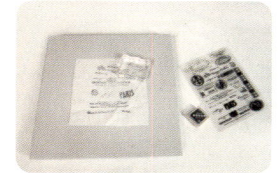

8
준비한 원단에 여러 가지 모양의 스
탬프를 찍습니다.

9
상자 뚜껑보다 크게 재단한 망사 위
에 원단을 올려 시침핀으로 고정한
후 한번에 바느질합니다.

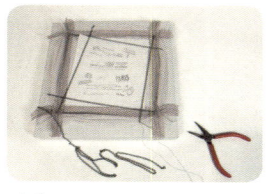

10
체인의 끝 구멍을 바느질해서 망사
와 원판에 고정합니다. 체인을 이용
하니 시크한 분위기가 더해집니다.

11
구슬, 큐빅, 라인스톤을 이용하여 마
무리 장식을 합니다.

12
먹지를 이용해 지우개에 도안을 옮
긴 후 디자인칼 등을 이용해 지우개
를 파내어 스탬프를 만듭니다.

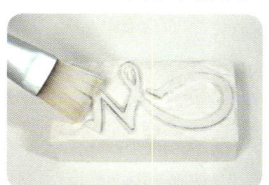

13
작업 중에 생긴 지우개 가루 등을 완
전히 털어내고 깨끗하게 정리합니다.

14
상자 구석에 스탬프를 찍습니다.

15
완성.

home fashion #42

크라프트 바늘집

두꺼운 종이나 카드를 활용해 바늘집을 만들어 보세요.
모양펀치나 스탬프로 장식하면 더 예쁘겠지요?

How to make

✽ 난이도 _ ★ ☆ ☆
✽ 주요재료 _ 크라프트지, 펠트, 스탬프, 트레싱지

1
크라프트 종이와 모양 펀치를 준비
합니다.

2
종이 모서리에 펀치를 찍어 모양을
냅니다.

3
종이 겉면에 스탬프를 찍습니다.

4
핑킹 가위로 오려 낸 펠트와 레이스
를 종이 안쪽에 붙입니다.

5
트레싱지에 스탬프를 찍습니다.

6
봉투 모양을 만들어 딱풀로 종이에
붙입니다.

7
펀치로 구멍을 냅니다.

8
리본을 넣어 여며줍니다.

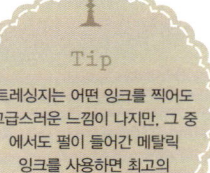

Tip
트레싱지는 어떤 잉크를 찍어도
고급스러운 느낌이 나지만, 그 중
에서도 펄이 들어간 메탈릭
잉크를 사용하면 최고의
효과를 낼 수 있어요.

디카 파우치

촉감과 휴대성이 좋지만 심심한 디자인의 디카 파우치에 스탬프를 찍어 리폼했어요.
여러분의 아름다운 추억을 열어 줄 멋진 열쇠가 될 거예요.

* 난이도 _ ★ ☆ ☆
* 주요재료 _ 면레이스, 스탬프, 리본 테이프, 라인스톤

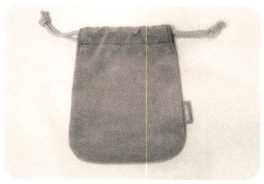

1
파우치 옆면의 라벨을 잘라냅니다.

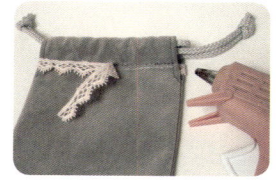

2
바느질하거나 글루건을 이용하여 레이스를 붙입니다.

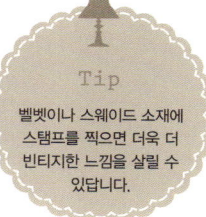

Tip
벨벳이나 스웨이드 소재에 스탬프를 찍으면 더욱 더 빈티지한 느낌을 살릴 수 있답니다.

3
리본을 만든 후 열쇠장식과 함께 답니다.

4
직물용 잉크를 이용해 스탬프를 찍은 후 금속 열쇠장식은 실로 고정합니다.

5
라인스톤을 만능 본드로 임시 고정한 후 스탬프 열처리겸 다리미로 열 고정시킵니다.

6
완성.

코사지 핀봉

Tip

오건디, 시폰이나
망사 원단은 볼륨감있는
화사한 코사지를 만들기에
적합합니다.

How to make

예쁜 코사지를 이용해 수납 겸용 핀봉을 만들어 보세요.
바느질 시간이 더욱 더 즐거워집니다.

* 난이도 _ ★ ☆ ☆
* 주요재료 _ 유리병, 원단

1
뚜껑이 있는 유리병을 준비합니다.

2
병뚜껑 주위로 코사지 트리밍을 붙입니다.

코사지만들기

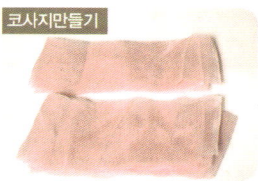

3
폭이 다른 두 원단을 준비합니다.

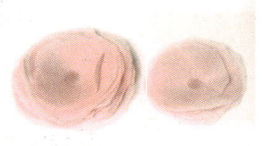

4
여러 겹을 원형으로 오린 후에 중심에 글루를 붙여 각각 평면꽃을 만듭니다.

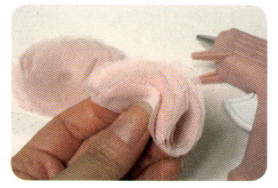

5
작은 꽃의 중심에 글루건을 바른 후 반으로 접습니다.

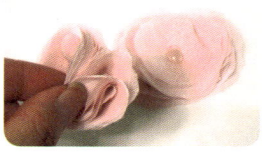

6
한 번 더 접은 꽃을 큰 꽃 위에 올리고 글루건으로 고정시켜줍니다.

7
완성된 코사지입니다.

8
코사지를 뚜껑 위에 올려놓고 글루건으로 고정시킵니다.

9
완성.

애완견용 장난감

몇 번 신지도 않았는데 발목이 늘어난 양말, 버리기엔 아깝지요.
사랑하는 애완동물을 위한 장난감을 만들어 보면 어떨까요?

* 난이도 _ ★ ☆ ☆
* 주요재료 _ 양말, 솜, 자수실

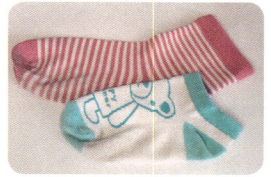

1
양말을 준비합니다.

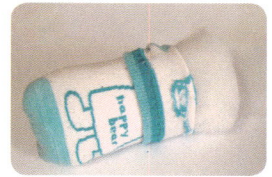

2
양말 안으로 솜을 넣습니다. 솜이 없
으면 양말을 여러 겹 넣습니다.

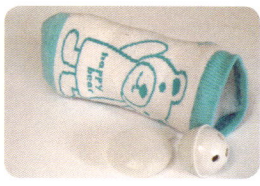

3
양말 안에 삑삑이나 방울을 넣어줍니
다.

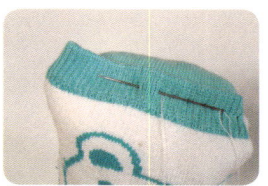

4
실로 양말 입구를 꿰맵니다.

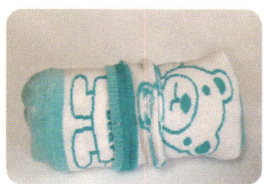

5
세탁하기 편하도록 양말 한 겹을 커
버로 씌워줍니다.

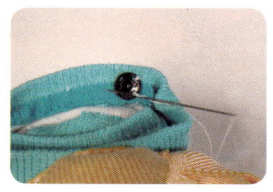

6
리본과 스냅단추를 달아줍니다. 양말
목이 늘어나지 않았으면 달지 않아
도 됩니다.

7
종이를 끼워 넣은 후 십자수 실로 장
식을 합니다.

8
완성.

착하지 않은 가격 때문에 군침만 흘리던 빈티지 보빈.
이제는 아주 손쉽게 만들어 예쁜 레이스를 감아 보관해 보세요.
더 이상 빈티지샵이 부럽지 않아요!

＊ 난이도 _ ★ ☆ ☆
＊ 주요재료 _ 두루마리 휴지심, 골판지, 원단

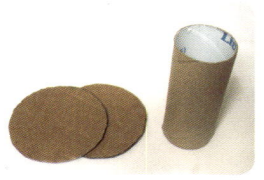

1
두루마리 휴지심과 타원형으로 오
린 골판지를 준비합니다.

2
골판지를 감쌀 원단을 재단한 후 스
탬프를 찍습니다.

3
원단에 딱풀을 골고루 바른 후 한 방
향으로 조금씩 접으면서 골판지를
감싸줍니다.

4
휴지심에 글루건을 발라 천으로 감
싼 골판지를 붙입니다.

5
완성.

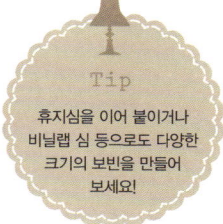

Tip
휴지심을 이어 붙이거나
비닐랩 심 등으로도 다양한
크기의 보빈을 만들어
보세요!

home fashion #47

티슈 커버

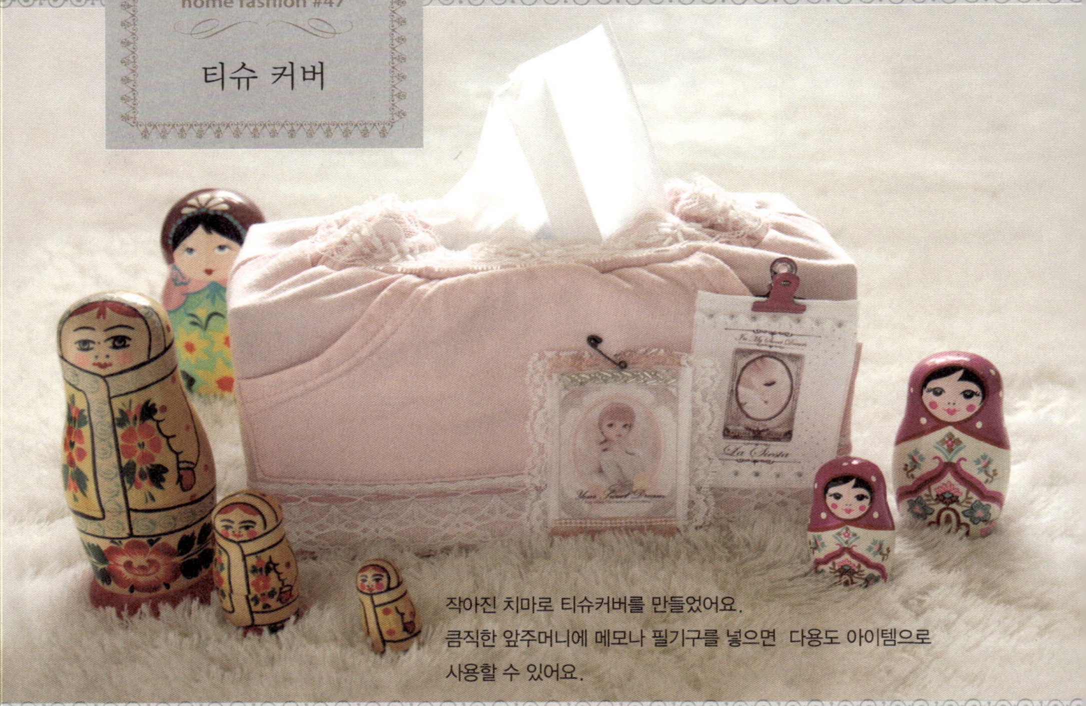

작아진 치마로 티슈커버를 만들었어요.
큼직한 앞주머니에 메모나 필기구를 넣으면 다용도 아이템으로
사용할 수 있어요.

How to make

* 난이도 _ ★☆☆
* 주요재료 _ 치마, 끈

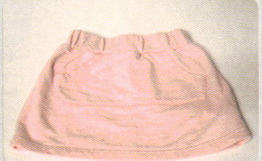

1
치마를 준비합니다.

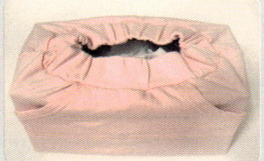

2
치마 허리 부분이 위로 오도록 티슈 상자에 씌웁니다.

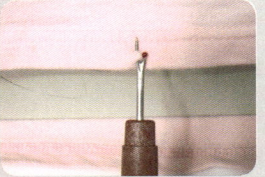

3
티슈상자 아래부분의 치마자락에 실뜯개를 이용해 작은 구멍을 냅니다.

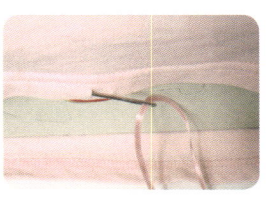

4
리본테이프나 끈을 바늘에 끼워 구멍 안으로 집어넣습니다.

5
리본테이프를 잡아당겨 밑면을 오므려줍니다.

6
티슈상자 윗부분인 치마 허리부분에 레이스 장식을 합니다.

7
밑면에도 레이스를 달아 줍니다.

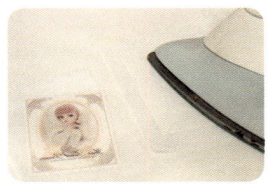

8
장식할 작은 천에 반전된 이미지를 전사합니다.

9
레이스와 비즈 등으로 장식하여 라벨을 완성합니다.

10
완성.

클립 페인팅

1
클립과 락커 스프레이를 준비합니다.

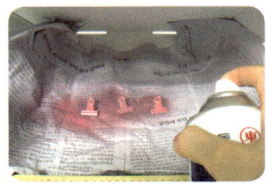

2
작은 상자 안에 클립을 넣고 스프레이를 뿌립니다.

3
2~3번 덧칠 후 완성합니다.

Tip
신축성이 있으며 지퍼가 없는 심플한 디자인의 치마가 작업하기 편합니다.

home fashion #48

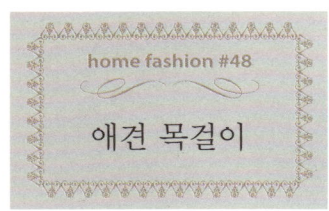

애견 목걸이

안 입는 셔츠로는 여러 가지 다양한 아이템을 만들 수 있습니다.
귀염둥이 애견을 위한 특별한 액세서리에 도전해 보세요!

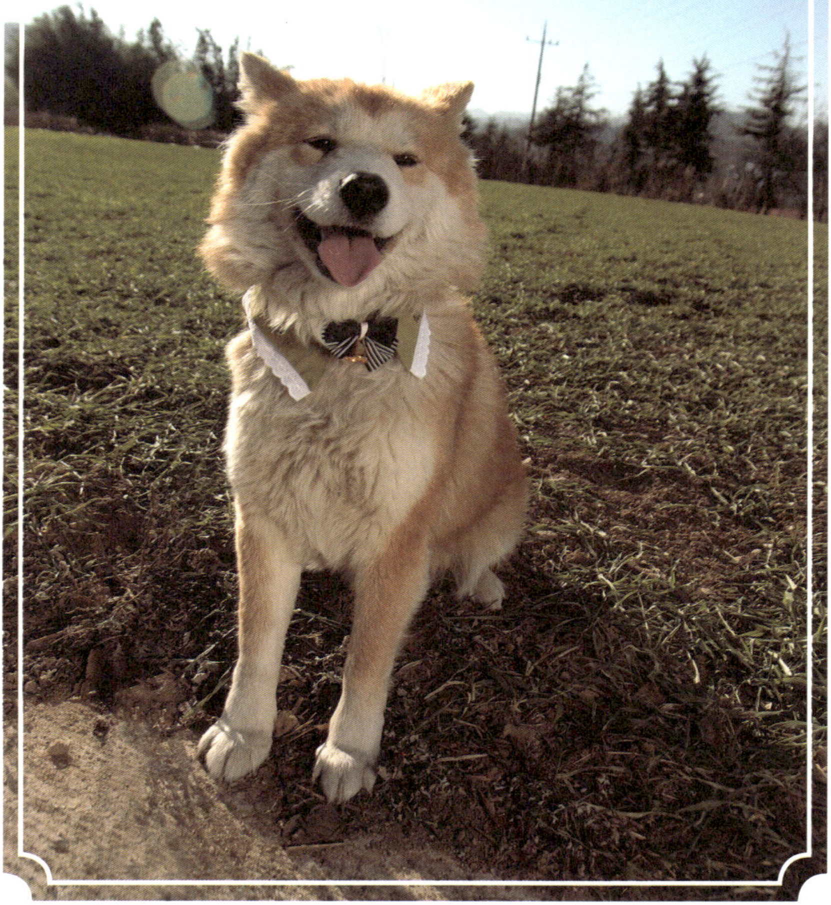

* 난이도 _ ★ ☆ ☆
* 주요재료 _ 셔츠, 스탬프, 리본, 금속장식

 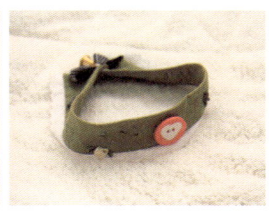

1
셔츠를 준비합니다.

2
실뜯개를 이용하여 셔츠 카라를 떼
어냅니다.

3
카라 가장자리 부분에 레이스를 넣
은 후 글루건이나 실로 봉합합니다.

4
직물잉크를 이용하여 스탬프를 찍은
후 다리미로 열고정 시킵니다.

5
여러 가지 장식으로 마무리합니다.

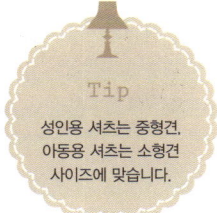

Tip
성인용 셔츠는 중형견,
아동용 셔츠는 소형견
사이즈에 맞습니다.

수면 안대

블링블링한 수면안대를 끼고 달콤한 꿈나라로 빠져들어 볼까요?
손수건을 접어 꿰매기만 하면 된답니다.
자, 서랍 속에 콕 박혀 있던 손수건을 찾아보세요.

How to make

* 난이도 _ ★ ☆ ☆
* 주요재료 _ 손수건, 고무줄, 레이스, 줄구슬, 단추, 비즈 등

1
어두운 색상의 손수건을 준비합
니다.

2
접은 손수건을 반으로 자릅니다.

3
천 사이에 레이스를 집어 넣어 시침
핀으로 임시 고정합니다.
※ ▶고무줄 끼워넣을 위치

4
준비한 고무줄을 끼워 넣은 후 레이
스와 고무줄을 재봉틀이나 손바느질
로 꼼꼼하게 박습니다.

5
손수건 가운데 부분을 실로 시침하
고 실을 잡아당겨 주름을 만들어 줍
니다.

6
줄구슬을 가장자리에 둘러주고, 가운
데에는 단추로 장식을 합니다.

7
손수건의 페이즐리 무늬를 따라 비
즈 장식을 합니다.

8
완성.

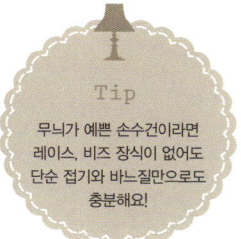

Tip
무늬가 예쁜 손수건이라면
레이스, 비즈 장식이 없어도
단순 접기와 바느질만으로도
충분해요!

쿠션 커버

How to make

잘 입지 않는 터틀넥이나 세탁 후에 줄어 든 니트를 이용해
간단하게 쿠션커버를 만들어 보세요.
보면 볼수록 흐뭇한 아이템이랍니다.

＊ 난이도 _ ★ ☆ ☆
＊ 주요재료 _ 니트, 쿠션, 버클

1
니트를 준비합니다.

2
쿠션에 씌운 후 목 부분은 안으로 집
어 넣습니다.

3
버클에 두 팔을 끼워 넣습니다.

4
리본모양을 만들어서 몸판에 바느질
합니다.

5
자연스럽게 주름을 잡은 후 다양한
단추를 달아 장식합니다.

Tip
작업할 의상보다 쿠션솜이
더 커야 잘 벗겨지지
않아요!

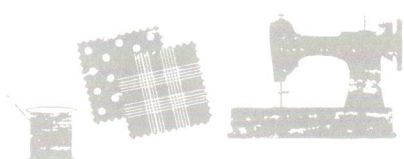

이니셜 수건

How to make

나염마크가 크게 찍혀 있거나 싫증난 수건을 산뜻하게 바꿔보세요.
수건 하나로 화장실 분위기가 화사해져요.

✱ 난이도 _ ★ ★ ☆
✱ 주요재료 _ 수건, 레이스

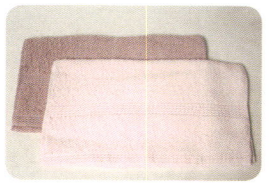

1
수건을 준비합니다.

2
수건 폭보다 레이스를 더 여유있게
자르세요.

3
레이스 양 옆의 시접을 접은 후 위,
옆면 전체를 박아줍니다.

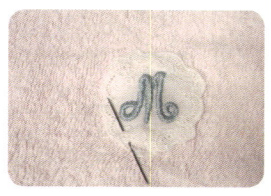

4
흰 이니셜 모티프에 수를 놓으면 입
체감도 생기고 더 예뻐집니다. 수 놓
은 이니셜 모티프를 수건에 바느질
합니다.

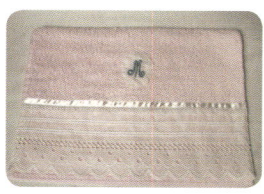

5
완성.

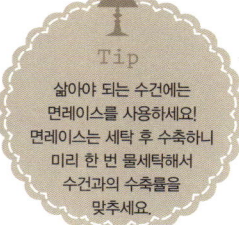

Tip
삶아야 되는 수건에는
면레이스를 사용하세요!
면레이스는 세탁 후 수축하니
미리 한 번 물세탁해서
수건과의 수축률을
맞추세요.

리본 바구니

쌓아놓고 사용하던 리본들, 사용하기도 보관하기도 불편하셨죠?
다 쓴 티슈상자로 바구니를 만들어 보았습니다.
이제는 예쁘게 정리해서 편리하게 뽑아 사용하세요!

Tip

티슈상자 외에도 택배상자
등을 이용해 다양한 크기로
만들어 보세요.

＊ 난이도 _ ★ ★ ☆   ＊ 주요재료 _ 티슈상자, 원단, 대바늘

1
다 쓴 티슈상자를 준비합니다.

2
커터칼로 뚜껑을 분리합니다.

3
대바늘을 꽂을 홈을 잘라낸 후 종이
를 덧대어 지지대를 만듭니다.

4
박스테이프를 여러 번 감아 튼튼하
게 합니다.

5
안쪽에는 종이, 겉면에는 원단을 붙인
후 가장자리에 글루건을 바릅니다.

6
원단이 벌어지지 않도록 안쪽으로
밀면서 꼼꼼히 접착시킵니다.

7
바닥면에 골판지를 이용하여 별도의
바닥을 만들어 덧붙여서 튼튼하게
합니다.

8
니트 원단과 어울리는 레이스를 달
아줍니다.

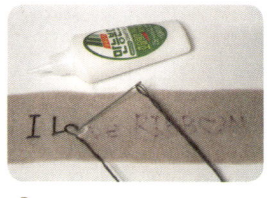

9
펠트에 원하는 문구를 그려넣은 후
만능본드로 자수실을 고정하며 수를
놓습니다.

10
리본, 레이스, 비즈 등으로 추가 장식
을 합니다.

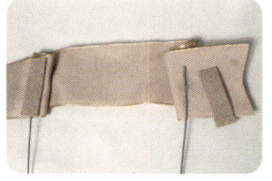

11
뒷면에 철사를 붙여 지지대를 만듭
니다.

12
완성.

손가방 겸용 냄비받침

What would you like to eat?

Tip

가급적 윗단과 밑단의
길이가 같은 일자바지를
사용하세요.

잘 입지 않는 바지로 냄비 받침을 만들어 볼까요?
뜨거운 냄비나 그릇 받침뿐만 아니라 미니 손가방으로 사용해도
손색이 없답니다!

＊ 난이도 _ ★ ★ ☆
＊ 주요재료 _ 바지, 줄구슬, 리본테이프, 구슬, 금속 장식, 자수실

1
바지를 준비합니다.

2
원하는 길이X2 사이즈로 재단합니다.

3
바지 밑단을 속으로 집어 넣어 윗부
분까지 맞춥니다.

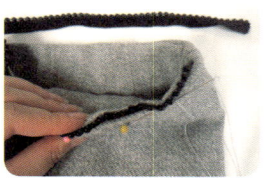

4
줄구슬을 겉감과 안감 사이에 넣고
함께 꿰맵니다.

5
리본 테이프로 손잡이를 만들어 줍
니다.

6
리본과 동전 장식 등으로 브로치를
만듭니다.

7
아크릴 보석, 구슬 등으로 추가 장식
을 합니다.

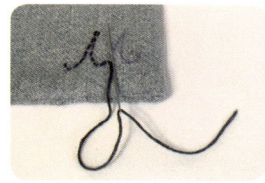

8
기화성펜으로 이니셜을 그린 후 자
수실을 이용하여 입체감을 넣습니다.

9
완성.

냄비받침을 만든 바지로 오븐장갑까지 만들었습니다. 세트로 디자인했더니 더욱 멋지네요.

안 입는 셔츠나 바지로 다양한 아이템을 만들 수 있어요.

여러분도 상상의 나래를 펼쳐보세요!

첫 구상이 어려울 뿐 한 번 시작하면 줄줄이 쏟아져 나온답니다.

How to make

* 난이도 _ ★ ★ ★   * 주요재료 _ 바지, 줄구슬, 레이스, 리본테이프

1
바지를 준비합니다.

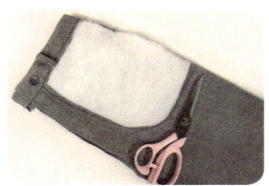

2
바지를 주머니의 2배 길이로 자른 후, 주머니 크기보다 약간 작게 솜을 재단합니다.

3
바지를 펼친 후 밑단을 허리 벨트 밑으로 끼워 넣습니다.

4
반으로 접은 후 시접을 각각 안으로 맞대어 넣습니다.

5
4장의 원단을 공그르기합니다.

6
줄구슬과 레이스로 장식합니다.

7
리본테이프, 레이스 등으로 여러 가지 리본을 만듭니다.

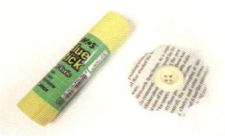

8
신문지에 딱풀을 바른 후 단추를 쌉니다.

9
완성된 장식을 브로치로 만들어 단 후에 기화성펜으로 이니셜을 그립니다.

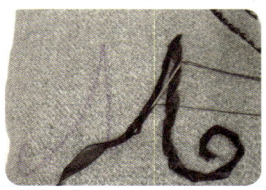

10
리본테이프를 자연스럽게 말면서 실로 고정시켜줍니다.

11
완성.

Tip
초보자들은 가급적 모직바지를 이용하세요. 모직은 특유의 고급스러움과 유연함 덕분에 시접 및 곡선처리, 바느질 등 작업하기 쉬워요.

입지 않는 셔츠로 티매트를 만들어 보았습니다.
바느질에 자신없어도 금방 뚝딱 만들 수 있습니다.
푸른 잔디밭에 앉아 새소리를 음악 삼아 향긋한 차를 마셔볼까요?

How to make

* 난이도 _ ★ ☆ ☆
* 주요재료 _ 셔츠, 레이스, 자수실

1
셔츠를 준비합니다.

2
실뜯개를 이용하여 셔츠 옆선을 분리합니다.

3
분리된 앞면을 겨드랑이 부분에서 자릅니다.

4
자른 부분의 시접을 접은 후 맞춰서 포갭니다.

5
레이스를 가장자리에 박습니다.

6
기화성펜으로 원하는 글씨를 씁니다.

7
자수실을 이용하여 글자를 표현합니다. 글씨에 입체감을 주세요.

8
만능본드나 직물본드를 이용하여 비즈를 붙입니다.

9
찻잔을 놓을 미니 매트도 추가로 만들어 봅니다.

보온병 주머니

바느질 실력이 업그레이드 되었다면 좀 더 멋진 작품을 만들어 보는 건 어떨까요?
티매트와 보온병 주머니를 들고 떠나는 즐거운 피크닉이 여러분을 기다리고 있답니다.

* 난이도 _ ★ ★ ★
* 주요재료 _ 셔츠 소매

1
셔츠를 준비합니다.

2
보온병 크기에 맞게 소매를 재단합니다.

3
보온병을 넣은 후 밑면을 홈질하여 오므려 줍니다.

4
보온병 밑 둘레에 맞는 도톰한 종이나 심지를 오려 원단에 붙입니다.

5
시침핀으로 고정한 다음, 받침대를 꼼꼼하게 바느질합니다.

6
소매의 단추는 떼어내고 입구부분에 레이스를 붙입니다.

7
다시 단추를 달고 실뜯개를 이용하여 단춧구멍을 만듭니다.

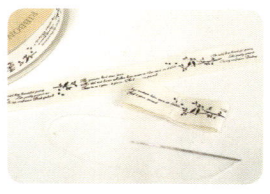

8
손잡이와 리본테이프, 금속장식을 달아줍니다.

9
레이스 위에 비즈로 간단하게 장식합니다.

10
레이스를 잘라 포인트 장식을 하면 완성.

home fashion #57

바느질 상자

가전제품 상자는 유난히 튼튼해서 수납 용도로 사용하기에 제격입니다. 부피가 커서 조금 힘들지만 간단한 기법으로 여러 가지 작품을 만들 수 있습니다. 여러분도 용기를 갖고 시작해 보세요.

* 난이도 _ ★★★
* 주요재료 _ 상자, 원단

1
노트북 상자를 준비합니다.

2
상자에 원단을 덮은 후 중심에서 가장자리로 딱풀을 바르면서 상자를 감쌉니다.

3
모서리에 생기는 시접은 잘라 안으로 맞대어 집어넣어 마감합니다.

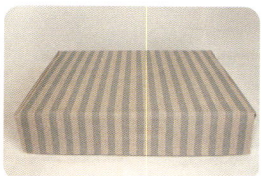

4
원단을 붙인 겉모습입니다.

5
안쪽에 붙일 원단은 시접을 접어 준비합니다.

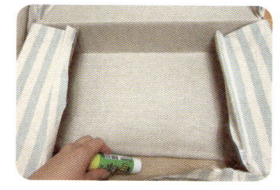

6
딱풀을 골고루 발라 꼼꼼히 붙여줍니다.

7
가장자리는 글루건을 이용하여 한 번 더 꼼꼼하게 붙입니다.

8
1차 완성.

9
손잡이 자리에 가위집을 냅니다.

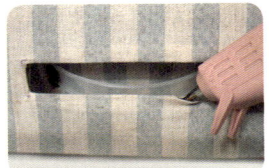

10
시접을 안으로 접어 넣은 후 글루건
으로 마감합니다.

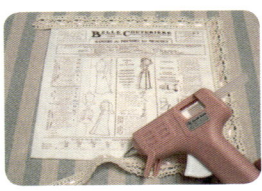

11
펠트에 이미지를 전사한 후 레이스
로 장식합니다.

12
패브릭 크레용을 이용하여 문구를
씁니다.

13
비즈, 금속, 아크릴 등의 다양한 재료
를 글루건을 이용해 장식을 합니다.

14
손잡이에 레이스와 리본을 붙입니다.

15
완성.

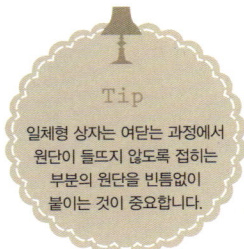

Tip

일체형 상자는 여닫는 과정에서
원단이 들뜨지 않도록 접히는
부분의 원단을 빈틈없이
붙이는 것이 중요합니다.

finish

home fashion #58

줄자

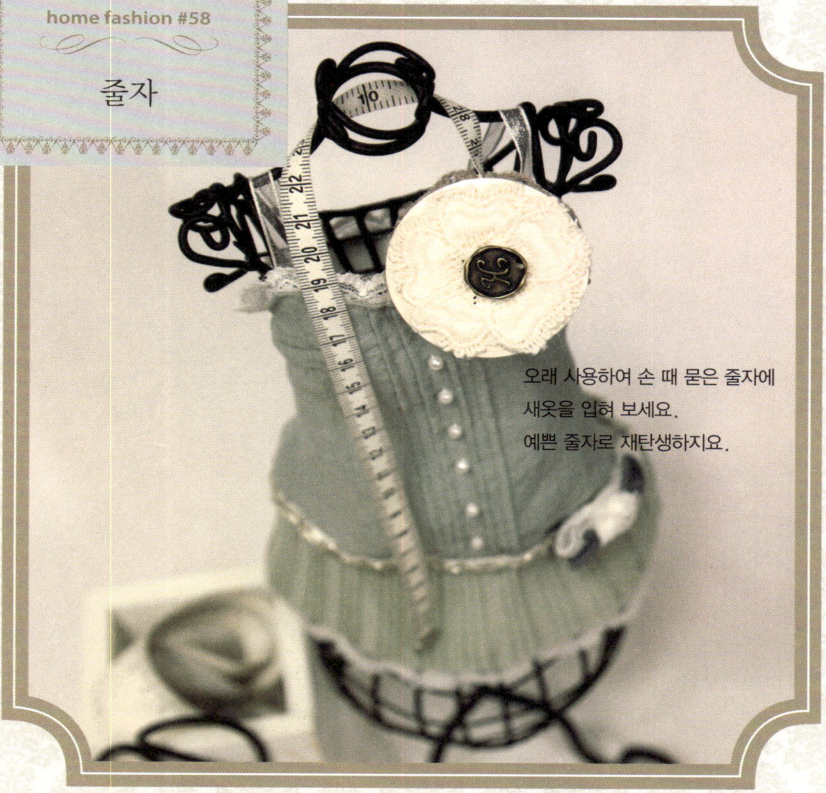

오래 사용하여 손 때 묻은 줄자에
새옷을 입혀 보세요.
예쁜 줄자로 재탄생하지요.

How to make

* 난이도 _ ★☆☆
* 주요재료 _ 줄자, 레이스, 금속 이니셜 장식, 라인스톤

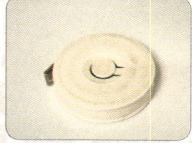

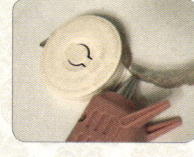

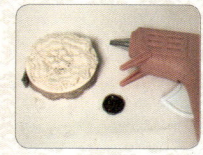

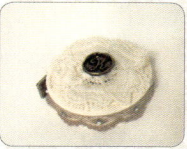

1
줄자를 준비합니다.

2
옆면에 레이스를 붙입니다.

3
윗면에 레이스 모티프와 금속 이니셜 장식을 붙입니다.

4
라인스톤을 붙여 마무리 합니다.

stationery #59

로맨틱 가위

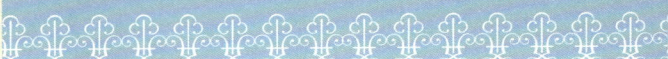

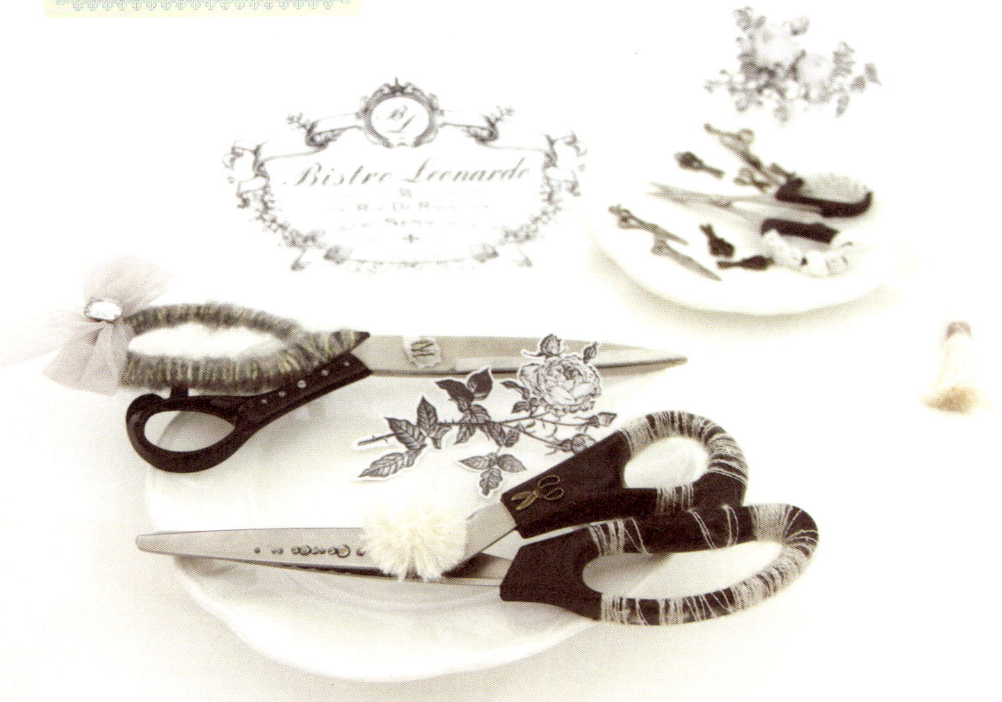

집에 있는 뜨개실로 간단히 만드는 나만의 가위!
돌돌 감기만 하면 작업 끝.
폭신해진 쿠션감으로 가위질도 한결 더 쉬워져요.

* 난이도 _ ★ ☆ ☆
* 주요재료 _ 가위, 뜨개실

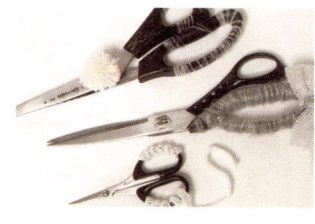

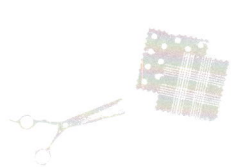

1
가위를 준비합니다.

2
털실을 꼼꼼하게 말아줍니다.

3
글루건으로 털실의 중간, 끝부분을 살짝 붙여 마무리합니다.

폼폼만들기

4
연필에 짧은 털실 끈을 하나 맞댄 후 긴 털실을 풍성하게 감아줍니다.

5
연필을 빼낸 후 짧은 털실 끝을 잡아당겨 묶어 줍니다. 그런 뒤 사진과 같이 가위로 자르면 폼폼 완성.

6
완성된 폼폼을 글루건으로 붙입니다.

7
금속 장식, 라인스톤 등을 붙여 장식합니다.

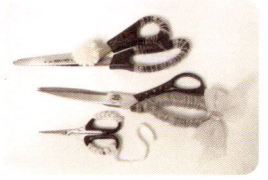

8
그 외 다른 재료들로 다양한 분위기의 디자인을 만들어 보세요.

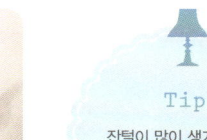

Tip
잔털이 많이 생기는 털은 사용하다보면 보풀이 생기니 털실을 비벼 보풀이 생기는 정도를 확인하고 사용하세요!

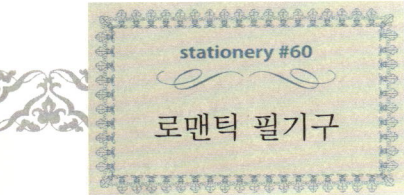

How to make

여기저기 굴러 다니는 필기구들. 막상 찾으면 어디 있는지 잘 보이지 않습니다.
낡은 연필들은 더더욱 어딘가에 숨어버리게 되지요! 이제는 눈에도 잘 띄고
보기에도 예쁜 필기구로 변신시켜 보세요. 평소에 안쓰던 일기장을 꺼내게 될지도 모른답니다.

＊ 난이도 _ ★ ☆ ☆
＊ 주요재료 _ 필기구, 패브릭 또는 마스킹 테이프, 쉬폰이나 오간디 원단

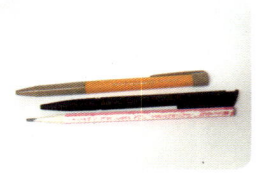

1
연필을 준비합니다.

2
패브릭 테이프를 꼼꼼하게 붙여줍
니다.

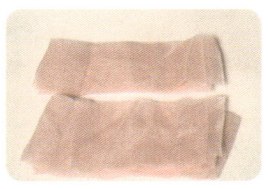

3
폭이 다른 두 원단을 준비합니다.

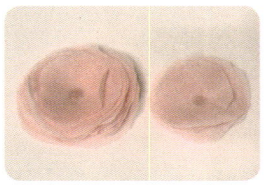

4
여러 겹의 원형으로 오린 후에 중심
에 글루건을 붙여 각각 평면꽃을 만
듭니다.

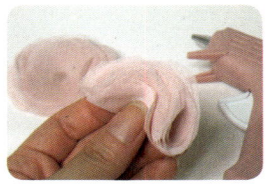

5
작은 꽃의 중심에 글루건을 바른 후
반으로 접습니다.

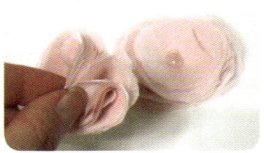

6
한 번 더 접은 꽃은 큰 꽃 위에 올려
접착시킵니다.

7
완성된 코사지입니다.

8
글루건으로 코사지 장식을 붙여 완
성합니다. 폼폼이나 깃털로도 장식해
보세요!

Tip

시간이 지나면 테이프의 접착력이
떨어져 가장자리가 벌어질 수
있으니 본드나 글루건을 얇게
발라 완벽하게 마감처리해
주세요.

앤티크 스크랩북

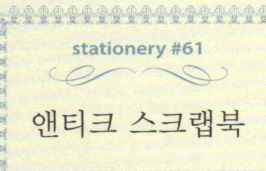

How to make

요즘 디자인 예쁜 잡지가 넘쳐나지요.
철 지난 잡지를 버리지 말고 스크랩북으로 만들어 보는 건 어떨까요?
잡지 이미지에 맞춰 전시티켓, 엽서, 사진 등을 붙여 구성해 보는 재미도 쏠쏠하답니다.

✳ 난이도 _ ★ ☆ ☆
✳ 주요재료 _ 잡지, 마스킹테이프, 스크랩 자료들

1
잡지와 스크랩할 자료를 준비합니다.

2
스크랩 자료와 어울리는 이미지를
찾은 후 마스킹 테이프로 붙입니다.

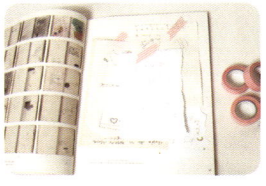

3
드로잉이나 메모지를 붙입니다.

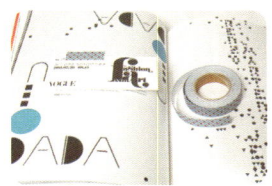

4
전시티켓을 붙입니다.

5
오른쪽 문구 이미지와 맞는 페이지
에 예쁜 봉투를 붙입니다.

6
자연이미지에 맞는 엽서를 붙입니다.

7
스크랩북 앞표면에 봉투나 미니 카
달로그를 붙여 또 다른 보관 공간을
만듭니다.

8
O링 2개를 끈에 붙여 버클을 만들어
완성합니다.

Tip
스프링 형태로 제본된 하드
커버의 다이어리를 이용하면
더욱 편리합니다.

stationery #62

도트 스테이플러

오래 사용하다 싫증난 문구를 귀엽게 변신시켜 볼까요?
입체적인 물건은 냅킨이나 부드러운 종이를 이용해 작업하면 편리하지요.
자, 이제 책상 주위를 둘러보세요.

How to make

* 난이도 _ ★ ☆ ☆
* 주요재료 _ 스테이플러, 냅킨, 바니시

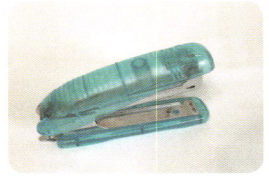

1
표면을 깨끗하게 닦아낸 스테이플
러를 준비합니다.

2
살짝 물에 갠 만능본드를 붓으로 골
고루 발라줍니다.

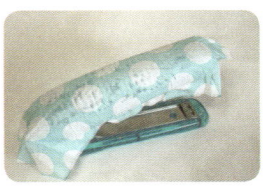

3
냅킨을 꼼꼼하게 감쌉니다.

4
디자인나이프나 커터칼을 이용해 냅
킨의 테두리를 잘라냅니다.

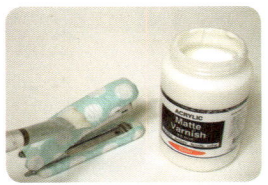

5
바니시를 이용해 냅킨 표면을 코팅
을 해줍니다.

6
눅눅해진 냅킨이 팽팽하게 펴질 때
까지 잘 말립니다.

7
이니셜 스탬프를 찍어 마무리합니다.

stationery #63

러블리 연필꽂이

시원한 맥주도 마시고 센스있는
연필꽂이도 만드는 일거양득, 어떠세요?
손잡이가 있어 이동하며
작업하는 분들에게는최고입니다.
예쁜 이미지나 메모를 붙여
다용도로 사용하세요.

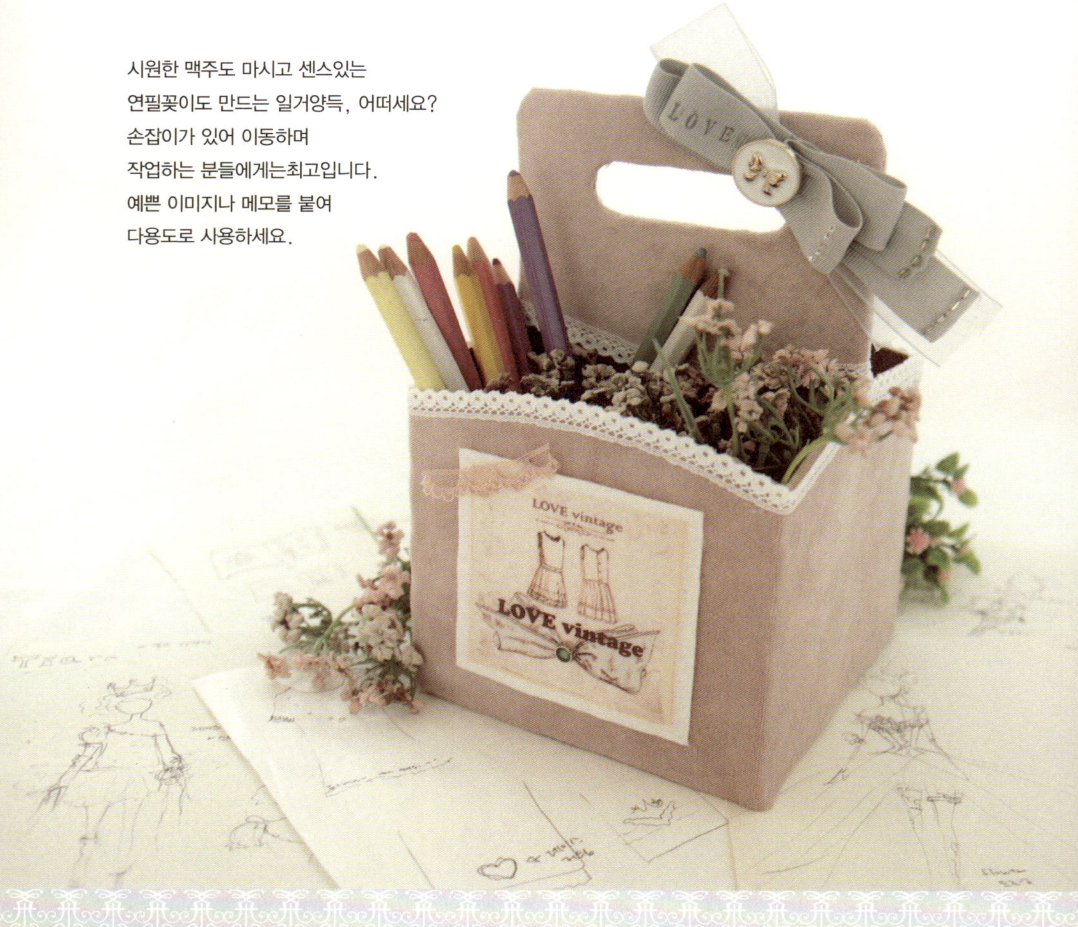

* 난이도 _ ★ ★ ☆
* 주요재료 _ 맥주상자, 원단,
  레이스 등

1
맥주상자를 준비합니다.

2
상자 표면에 골고루 딱풀을 바릅니다.

3
원단을 붙인 후에 테두리에 맞게 가위로 잘라냅니다.

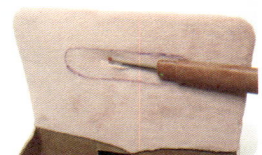

4
손잡이는 실뜯개로 칼집을 낸 후 가위로 오려 냅니다.

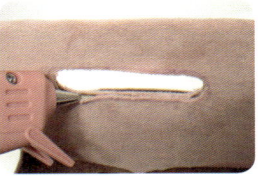

5
글루건을 이용해 테두리가 벌어지지 않게 마감처리합니다.

6
시접도 깔끔하게 정리하고 장식을 위해 가장자리에 레이스를 붙입니다.

7
전사지와 펠트를 준비합니다.

8
모직 온도로 설정하여 다리미로 5초 정도 전사합니다.

9
전사된 이미지를 붙이고 리본, 레이스, 비즈 등으로 장식합니다.

10
완성.

Tip
커버링 작업은 스웨이드나 벨벳같이 부드럽고 올이 풀리지 않는 원단을 사용하면 좋습니다.

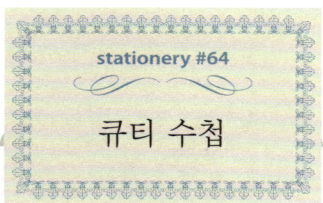

큐티 수첩

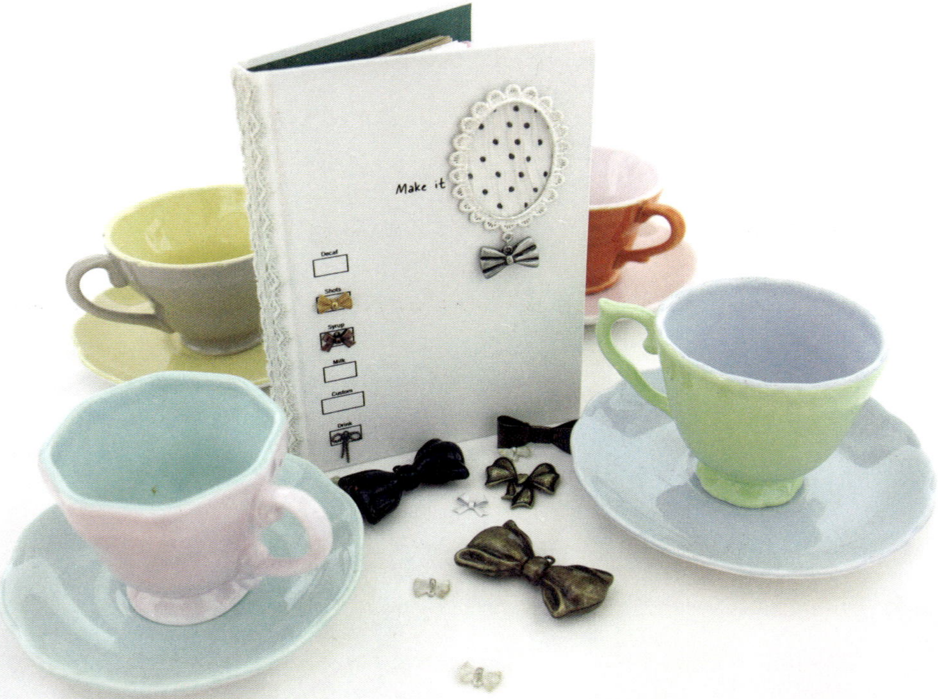

해가 바뀌었다는 이유로 버려지는 튼튼한 수첩들, 아까우셨죠?
이제 내 손으로 리폼해서 오래오래 사용해 보세요.
수첩을 펼치면 즐거운 일들만 생길 것 같은 기분이 든답니다!

* 난이도 _ ★★☆

* 주요재료 _ 하드커버 수첩이나 책,
　　　　　　 속지용 종이, 금속 장식

1
하드커버 수첩을 준비합니다.

2
속지를 뜯어낸 후 칼을 이용해 커버
를 완전히 젖혀줍니다.

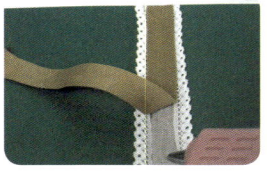

3
새로운 속지를 붙이기 위해 리본테
이프로 밑작업을 합니다.

4
트레이싱지에 스탬프를 찍어 속지
커버를 만듭니다.

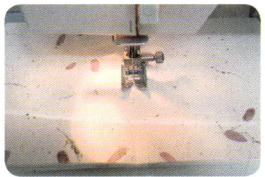

5
수첩 크기에 맞게 준비한 종이를 재
봉틀이나 손바느질을 이용해 박아
줍니다.

6
속지에 펀치를 이용해 재미있는 모
양을 만들어 봅니다.

7
완성된 속지를 글루건으로 붙인 후
리본테이프로 펜꽂이도 만듭니다.

8
수첩 표지의 가리고 싶은 곳을 레이
스를 이용해 감춥니다.

9
종이 위에 원단을 붙여 프레임 장식
의 밑바탕을 만듭니다. 원단 외에 명
함이나 예쁜 이미지를 붙여도 좋아요.

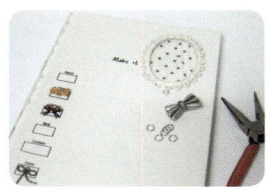

10
금속 장식으로 마무리합니다.

Tip

재봉틀을 이용해 속지를 박을
때 종이를 조금씩 넣고 천천히
돌려주세요. 무리하게 빨리
돌릴 경우 바늘이 부러질
수도 있습니다!

실용만점 클립보드

밋밋한 클립보드를 원단이나 예쁜 종이를 이용하여 멋지게 꾸며보세요.
평소에 좋아하던 이미지를 전사하여 꾸민다면 더욱 개성 넘치는 작품이 된답니다.

How to make

* 난이도 _ ★★☆
* 주요재료 _ 클립보드, 원단, 전사지, 레이스 등

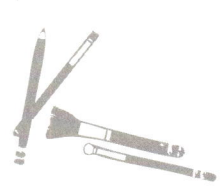

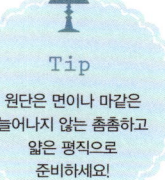

Tip

원단은 면이나 마같은
늘어나지 않는 촘촘하고
얇은 평직으로
준비하세요!

1
클립보드를 준비합니다.

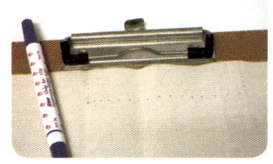

2
원단을 모양에 맞게 잘라냅니다.

3
반전시킨 이미지를 전사지에 출력합
니다.

4
10초 내외로 다리미를 이용하여 전
사합니다.

5
클립보드에 딱풀을 골고루 발라 원
단을 붙여줍니다.

6
가장자리에 글루건으로 레이스를 둘
러줍니다.

7
클립 부분에 털실을 돌돌 말아줍니다.

8
여러 가지 구슬을 강력 글루건이나
접착제, 실, 낚시줄 등으로 붙입니다.

9
완성.

책장

싫증난 책장을 손쉽게 상큼하게 바꿔보세요.
페인트 건조 때문에 시간이 걸리는 것 빼고는 간단한 작업입니다!

* 난이도 _ ★ ☆ ☆
* 주요재료 _ 책장, 페인트, 원단

1
깨끗하게 정리한 책장을 준비합니다.

2
페인트와 붓 등을 준비합니다.

3
가로, 세로로 2번 이상 붓자국이 보
이지 않도록 페인트칠 합니다.

4
하루 이상 완전하게 건조시키도록
합니다.

5
원단과 글루건을 이용하여 추가 작
업을 합니다.

6
완성.

Tip
수성페인트로 작업할 경우
바니시로 코팅하면
좋습니다.

의자 등받이가 없어 차가웠던 겨울...
이제는 뽀송뽀송한 의자로 변신하여 따뜻한 겨울을 보낼 수 있답니다.

* 난이도 _ ★★☆
* 주요재료 _ 인조모피, 안감, 40수 이상의 면원단, 망사

1
작업할 의자를 준비합니다.

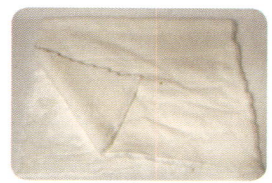

2
등받이용 겉감과 안감을 각각 준비
하여 옆선을 박음질합니다.

3
겉감과 안감의 밑면을 창구멍을 남
겨두고 맞대어 박습니다.

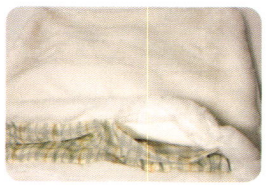

4
뒤집은 후 창구멍도 박아줍니다.

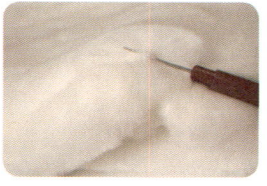

5
실뜯개나 빗 등을 이용하여 실에 박
힌 창구멍 주변의 털을 빼내어 정리
합니다.

6
의자에 등받이를 씌운 1차 완성된 모
습입니다.

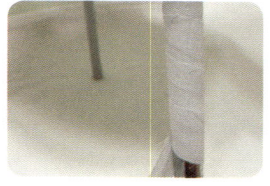

7
의자 다리에 길게 자른 원단을 돌돌
감으며 중간 중간 글루건으로 고정
합니다.

8
다리에 망사 원단을 길게 잘라 리본
을 묶어 장식합니다.

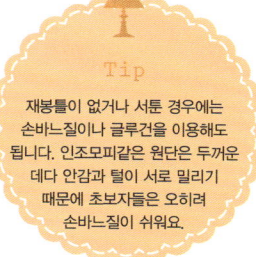

Tip
재봉틀이 없거나 서툰 경우에는
손바느질이나 글루건을 이용해도
됩니다. 인조모피같은 원단은 두꺼운
데다 안감과 털이 서로 밀리기
때문에 초보자들은 오히려
손바느질이 쉬워요.

폭신폭신 의자 커버

딱딱하고 차가웠던 의자를 폭신하고 따뜻하게 변신시켜 보세요.
의자 하나로 방 분위기가 따뜻해져요.

How to make

* 난이도 _ ★★☆
* 주요재료 _ 솜, 안감, 약간의
  신축성이 있는 원단

1
의자를 준비합니다.

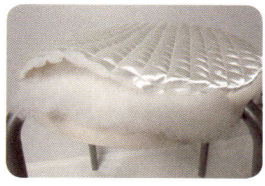

2
의자 크기에 맞게 솜과 누비안감을
재단합니다.

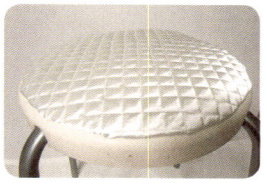

3
글루건을 이용하여 의자 테두리에
붙입니다.

4
겉감을 여유있게 재단합니다.

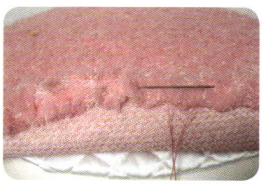

5
시접을 말아 접은 후 의자 테두리에
맞춰 실을 조금씩 잡아당기면서 바
느질을 합니다.

6
1차 완성된 모습입니다.

7
원단이 의자다리에 고정되도록 리본
테이프를 바늘이나 글루건으로 고정
합니다.

8
글루건을 이용하여 의자 다리에 원
단을 감싸줍니다.

9
레이스와 구슬로 장식하여 완성합
니다.

Tip
겉감에 고무줄을 끼워
박은 후 의자에 씌워도
됩니다.

서랍장 커버링

지저분해진 플라스틱 서랍장을 여러 가지 원단을 이용하여 산뜻하게 변신시켜 보았습니다.
하나 하나씩 만드느라 시간이 걸리는 것 빼고는 어렵지 않답니다.

How to make

* 난이도 _ ★★☆
* 주요재료 _ 각종 원단

1
변신시킬 서랍장입니다.

2
깨끗하게 닦은 서랍을 준비합니다.

3
서랍을 덮을 원단과 이미지를 준비
합니다.

4
원하는 위치에 이미지를 다리미로
전사합니다.

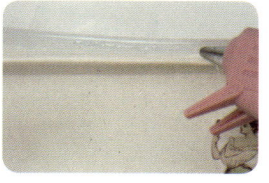

5
원단의 시접을 말아 접은 후 서랍 테
두리에 글루건을 이용해 붙입니다.

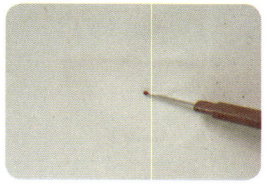

6
실뜯개를 이용하여 손잡이 부분을
절개합니다.

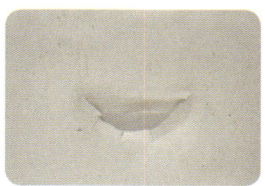

7
가위를 이용하여 오려낸 후 접힐 부
분에 칼집을 냅니다.

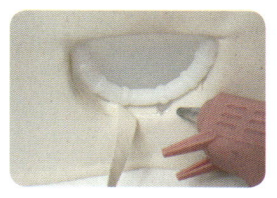

8
글루건을 이용하여 테이프를 홈 주
변에 꼼꼼히 붙여줍니다.

9
완성된 모습입니다.

10
손잡이에 구슬이나 코사지, 털실 등
으로 추가 장식합니다.

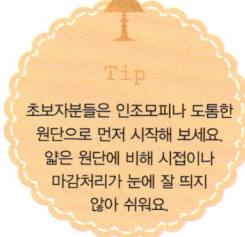

Tip

초보자분들은 인조모피나 도톰한
원단으로 먼저 시작해 보세요.
얇은 원단에 비해 시접이나
마감처리가 눈에 잘 띄지
않아 쉬워요.

❖ 온라인 구입처

네스홈
web. www.nesshome.com
자체디자인 일러스트지 뿐만 아니라 예쁘고
다양한 종류의 원단, 부자재 등이 있어 원스
탑 구매가 가능합니다.

원단나라
web. www.wondannara.co.kr
원단 분류가 잘 되어 있어 초보자들이 이용
하기가 편리합니다. 기본원단 외에도 망사,
털원단 같은 특수 원단이 다른 곳보다 충실
합니다.

레이스나라
web. www.lacenara.co.kr
다양한 레이스 및 레이스 원단이 있습니다.

디웨이
web. www.diyway.co.kr
펠트와 그에 관련된 패키지, 액세서리 등이
많습니다.

리본시스터즈
web. www.ribbonsisters.com
리본 외에도 선별된 원단, 부자재 등을 취급
합니다.

엔소엔
web. www.ensoen.com
다양한 리본 외에도 액세서리 종류가 풍부합
니다.

버튼박스
web. www.buttonbox.co.kr
다양한 종류의 단추를 취급합니다.

버튼제이
web. www.buttonj.co.kr
깜찍한 디자인이나 싸개버튼이 있습니다.

레드필통
web. www.redpiltong.co.kr
완제품 리본 및 품목을 구입할 수 있습니다.

행복뜨기
web. www.happysil.net
저렴하고 다양한 뜨개실이 있습니다.

엔픽스
web. www.nfix.co.kr
다양한 종류의 핫픽스와 관련 모티프가 있습
니다.

동양사
web. http://dyball.co.kr
여러 가지 색상의 아크릴구슬을 구입할 수 있
습니다.

스탬프마마
web. www.stampmama.com
다양한 스탬프 용품이 있으며 오프라인 매장
도 있습니다. 세일이벤트를 정기적으로 진
행합니다.

코튼빌
web. www.cottonvill.co.kr
다양한 원단, 장식재료 외에도 직물 스탬프
용품을 취급합니다.

손잡이닷컴
web. www.sonjabee.com
여러 가지 DIY 관련용품이 있습니다.

삼화홈데코
web. www.djpi.co.kr
페인트 용품 외에도 기타 DIY 재료를 취급
합니다.

알파몰
web. www.alpha.co.kr
만능본드, 글루건, 디자인나이프, 직물크레
용 및 염색약 등 관련 용품이 있습니다.

다이소
web. www.daisomall.co.kr
리폼하기 좋은 저렴한 가격대의 다양한 생활
소품이 있습니다.

❖ 동대문종합시장 www.dongdaemunsc.co.kr/

우리 나라 최대의 원단, 부자재 종합시장입니다. 취급목록별로 구역이 나눠져 있어 원단 및 부자재, 장식재료 등을 편리하게 구입할 수
있습니다. 보통 9시에 개점을 하며 평일은 오후 5시, 토요일은 오후 2시 이후 폐점 분위기이니 최소 1~2시간 전에 도착해야 여유있게
쇼핑할 수 있습니다. 일요일은 휴무입니다. 아래에 안내된 각 층별 상점 주위로 비슷한 품목의 상점들이 몰려있으니 참고하세요.

B1F 봉제실, 털실, 부자재, 수예 등
대구사 : 각종 부자재 전문
add. A동 34호
tel. 2265-0766

혜성 : 각종 뜨개실 전문
add. A동 51~2호

1F 각종 안감, 부자재, 단추, 지퍼,
버클 등을 취급합니다. 도매위주
인 곳이 많습니다.

가나 : 토탈 의류 부자재
add. D동 1755~6호
tel. 2269-6469

남양사 : 버클, 각종 장식 및 도구
add. D동 1728~9호
tel. 2265-3509

YS 신한 : 각종 안감
add. D동 1706~7호
tel. 2278-6826

승진사 : 코스튬플레이 소품,
각종 와펜 및 라벨
add. D동 중앙 14호
tel. 2273-7369

2F 레이스, 망사, 단추 전문취급
태경사 : 토숀, 랏셀 레이스 전문
add. B동 2328~9호
tel. 2269-8775

일광레이스 : 면레이스 전문
add. B동 2355~6호
tel. 2263-9192

예림 : 코사지 장식 전문
add. B동 2398호
tel. 2272-8814

유진섬유 : 망사 전문
add. B동 2517호
tel. 2278-4155

일품상회 : T/C, 광목, 린넨 전문
add. C동 2103호
tel. 2265-4633

에이콤 : 나염 니트 전문
add. B동 2534호
tel. 2278-4328

영텍스 : 벨벳 전문
add. A동 2236호
tel. 2267-3655

텍스빌 : 고급 벨벳 및 홈패션용 원단
add. A동 2183호
tel. 2266-8955

보타니단추 : 각종 단추 전문
add. D동 2606호
tel. 2267-0101

우정단추 : 여러 가지 색상의 귀여운 단추 취급
add. D동 2777호
tel. 2263-3988

원일 : 각종 버클 및 체인 취급
add. D동 2618호
tel. 2274-6604

3-4F 모직, 데님, 털, 면, 합성섬유 전문

호재 : 다양한 디자인의 면, 마 나염 전문
add. A동 3112호
tel. 2274-2305

신풍 : 면, 도비 등 전문
add. B동 3019-20호
tel. 2279-9045

은성 : 스웨이드 및 기타 직물 취급
add. A동 3062호
tel. 2265-8423

대복인조모피 : 인조모피 전문 취급
add. A동 3029호
tel. 2267-7988

효성 : 각종 인조모피 취급
add. B동 3230호
tel. 2275-8426

5F 각종 장식재료와 부자재, 펠트, 퀼트 원단 등을 취급합니다. 소매를 전문으로 하는 곳이기 때문에 초보자들도 쉽게 이용 가능합니다.

태양사 : 다양한 종류와 색상의 펠트와 관련 부자재 보유
add. A동 5048호
tel. 2275-5048

디웨이 : 펠트와 제작패키지, 관련 부자재 전문
add. A동 5009호
tel. 2272-5169

나무랑 구름 : 금속 및 가죽 장식 전문
add. A동 5002호
tel. 010-3929-5199

금광 : 열쇠 금속장식, 체인 전문
add. A동 5174호
tel. 2268-4448

삼일 : 각종 금속장식 전문
add. B동 5179호
tel. 2265-0298

신성 : 핫픽스, 라인스톤 전문
add. A동 5017호
tel. 2272-9510

솔로몬 : 각종 단추, 아크릴, 금속장식 전문
add. A동 5061호
tel. 2268-4579

정국(구슬이야기) : 다양한 종류의 구슬
add. A동 5143호
tel. 747-0495

그린 : 각종 아크릴 큐빅 및 줄구슬 , 기타재료 취급
add. A동 5035호
tel. 2272-9570

고은레스 : 이니셜 모티프, 각종 레이스와 원단 전문
add. A동 5097호
tel. 2276-0020

테디베어 하우스 : 털원단 소량구매 가능
add. A동 5090호
tel. 2272-5765

바늘도사2 : 다양한 퀼트원단 소량구매 가능
add. A동 5206호
tel. 2264-0231

가치리본 : 다양한 색상의 리본
add. B동 5085호
tel. 2273-4473

경아트 : 다양한 종류의 자카드 리본 보유
add. A동 5190호
tel. 2275-1021

삼성사 : 다양한 종류의 깃털 장식
add. A동 5148호
tel. 2277-3240

필통 : 리본, 폼폼 등의 완제품 판매
add. B동 5163호
tel. 2265-3544

티지 : 글루건과 심지 및 다양한 부자재 판매
add. B동 5127호
tel. 2266-5128

Tip : 1~4층의 원단상가는 대부분 도매를 전문으로 하기 때문에 초보자들에게 조금 불편할 수도 있습니다. 최소 1~2 yard 이상씩 주문해야 하고, 매장에 재고가 없으면 당일 주문하지 못하는 곳도 많습니다. 보통 오전에 주문하면 오후 2~3시 이후에 수령 가능하도록 해주니 일찍 주문하고 그 사이 점심을 먹거나 5층을 둘러보면 됩니다. 두 번 발걸음하지 않도록 조심하세요.

LOVE vintage

C'EST MANIFIQUE!

VINTAGE LOVE
depuis 1905

Le Langage des fleurs ChouChou

FLOWER GARDEN

Alyssum maritimum – Sweet Alyssum ·
Dimorphotheca aurantiaca – Africa Daisy ·
Iberis umbellata – Annual Candytuft ·
Anemone blanda – Grecian Wind Flower ·
Primula polyantha – Polyanthus Primrose ·
Scabiosa caucasica – Pincushion Flower ·
Dahlias hybrids – Dahlia ·

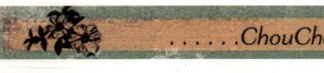

. . . . . ChouChou

. . . . . ChouChou

Love Poem

Let me not to the marriage of true minds
Admit impediments. Love is not love Which alters when it alteration finds,
Or bends with the remover to remove:

O no! it is an ever-fixed mark That looks on tempests and is never shaken;
It is the star to every wandering bark,
Whose worth's unknown, although his height be taken

Love's not Time's fool, though rosy lips and cheeks
Within his bending sickle's compass come: Love alters not
with his brief hours and weeks, But bears it out even to the edge of doom.

If this be error and upon me proved,
I never writ, nor no man ever loved.

— by William Shakespeare
Sonnet 116

Le Jardin Rose
http://www.muse...
Copyright © Atelier...
All right re...

Bonne Chance

We'll be rich in memories of all the places
we've captured without camera
We've seen the Milky way
Aurora with Le Petit Prince
C'est La Bonne Chance!

Sweet Berry
Model : Ciel F02 Ver.
http://www.musedoll.com
Copyright © Atelier MUSE

The Garden
of Song

In My Sweet Dream

ATELIER MUSE

La Siesta

Atelier Muse
Sing within The Garden of Everything

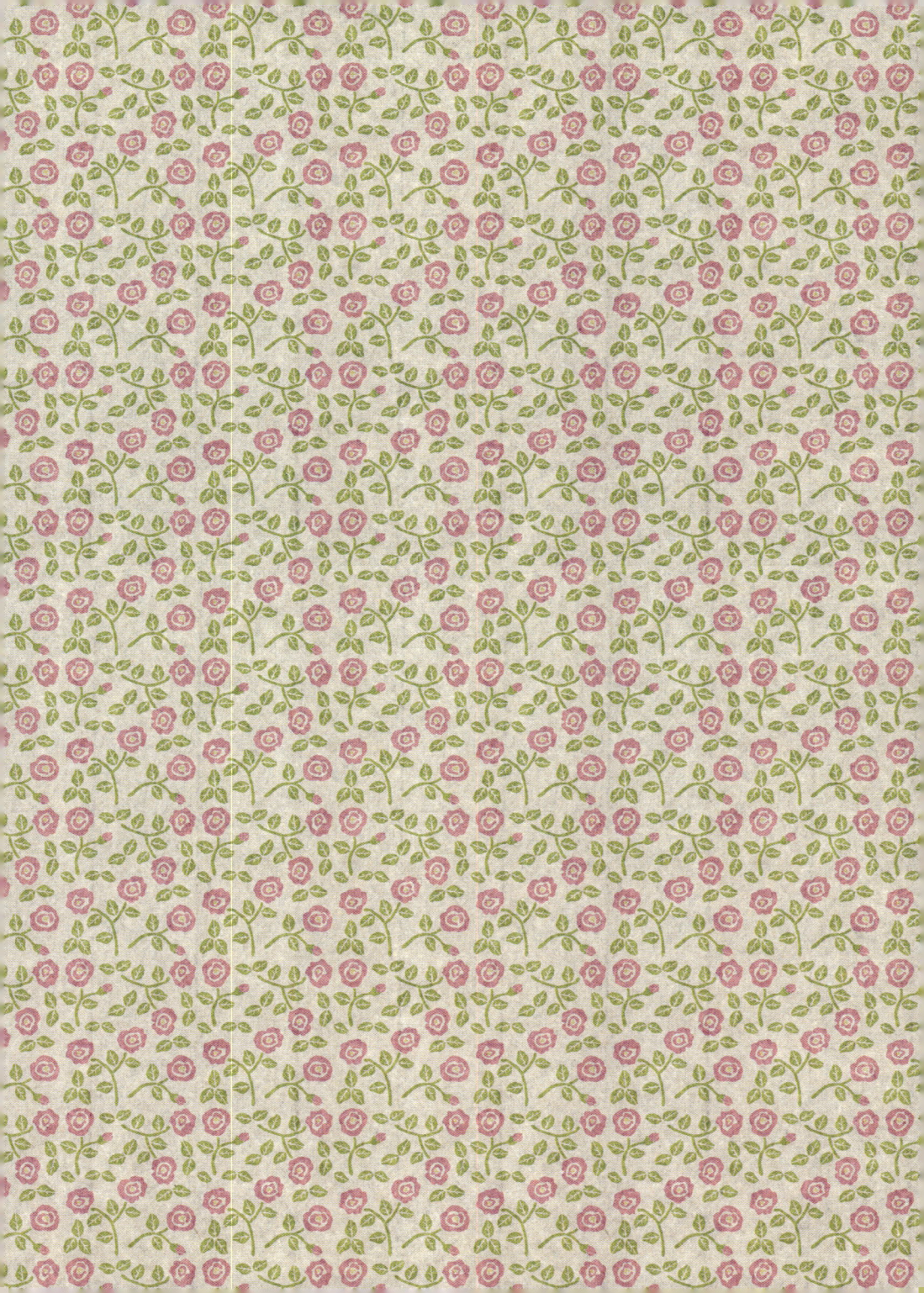